ちくま評伝シリーズ〈ポルトレ〉

現代音楽で世界をリードした作曲家

武満徹

作曲家［日本］

筑摩書房

イラストレーション　寺田克也
ブックデザイン　名久井直子
構成・文　莇田清二

目次

（Top Foto ／アフロ）

はじめに

たった一曲の音楽が、人の生き方を変えてしまう。そういうことがあります。

作曲家、武満徹《たけみつとおる》は、中学三年生のとき、レコードから流れた、たった三分ほどの歌を聴《き》き、音楽家になりたいと強く感じました。そして、誰《だれ》かに楽器を習うことも、音楽学校へ通うこともなく、独学で音楽を学び続け、ついに作曲家になりました。

武満徹にとっての先生は、一枚一枚のレコード、一冊一冊の本、そしてラジオから流れてくる音楽でした。

武満が青春を過ごしたのは、太平洋戦争後の混乱した時期と重なります。誰もが貧しく、その日その日を生きるのに精一杯の毎日を送っていました。武満も例外ではありません。決して恵《めぐ》まれたとはいえない環境《かんきょう》の中で、作曲に取り組む日々が続きました。

そうした日常の中では、さまざまな出会いがあり、さまざまな経験をしました。友人を得て、大切な人を失いました。武満自身、結核《けっかく》という病のために、自らの死を意識しつつ作曲をした時期もありました。

代表曲『ノヴェンバー・ステップス』をはじめとする彼の独創的な作品は、海外でも高く評価され、その存在は「世界のタケミツ」と呼ばれるまでになりました。今では、武満徹の名前は、音楽の歴史に欠かすことできない偉大《いだい》な作曲家のひとりとして、多くの人々に記憶《きおく》されています。

このすべては一曲の歌との出会いから始まるのです。

第一章　音楽との出会い

歌が流れる

その歌は、小さな、手回しの蓄音機《ちくおんき》から流れてきました。

一九四五（昭和二〇）年八月、もうすぐ戦争が終わろうとする夏のことです。中学三年生の少年たちが、教室を離《はな》れ、家を離れ、ある山奥で集団生活をしていました。少年たちは、電気も通わない粗末《そまつ》な宿舎に寝泊《ねとま》りしながら、汗《あせ》をかき、土を掘《ほ》り起こし、食糧《しょくりょう》増産のために働いていたのです。それは、中学生が兵隊と同じように扱《あつか》われる、厳しい労働の毎日でした。

一九四一年一二月に始まった太平洋戦争は四年目に入り、戦況《せんきょう》は悪化を続けました。沖縄《おきなわ》が戦場となり、東京をはじめとする全国の都市は空襲《くうしゅう》で焼かれ、多くの死者が出ていました。

あらゆる物資が不足し、また働き盛りの男性の多くが徴兵《ちょうへい》されて戦場に行ったために、工場などでは人手不足に陥《おちい》っていました。その代わりとして、中学生や高校生が学徒動員され、兵器・弾薬《だんやく》の製造や、食糧の増産に従事することになったのです。その中に、のちに世界的な作曲家になる武満《たけみつ》少年がいました。

ある日、少年たちは一頭の黒い雄牛《おうし》を殺すように命じられました。いま彼《かれ》らがいるのは学校ではありません。いわば小さな軍隊のようなものです。命令は絶対、逆らうことなどもってのほかです。少年たちは戸惑《とまど》いながらも、やっとのことでその雄牛を殺しました。

その夜、少年たちの心は暗く重く沈《しず》み、また同時に、少し昂《たか》ぶってもいました。そんなどうしようもない気持ちを抱《かか》えたままで、電気もない宿舎に少年たちはただ閉じこもっていました。

そのとき、ひとりの若い兵士が少年たちの宿舎を訪《おとず》れました。

彼は、その手に一台の小さな手回しの蓄音機を持っていました。

蓄音機のまわりに、暗い眼をした少年たちを座《すわ》らせ、そして彼らに向かって、うつむきながら何かを語りかけます。そして、その場で竹を削《けず》り、蓄音機の針《はり》を作りはじめます。この頃《ころ》には、金属製の蓄音機の針は物資不足で入手することができず、代わりに手製の竹針が広く用いられるようになっていました。

若い兵士は、蓄音機のレバーを回してゼンマイを巻き、そして一枚のレコードに竹針を落としました。

流れてきた音楽は、一曲の歌でした。

それは、シャンソンと呼ばれる、フランスの流行歌でした。ピアノの音色も、語りかけるような甘《あま》い女性の歌声も、今まで聴《き》いたことのないものでした。せつないメロディーも、はじめて耳にするものでした。戦争は音楽にまで敵味方を作り、外国の音楽は禁止されて、少年たちが知っている音楽といえば、無理に大声で歌わされる軍歌くらいのものだったのです。

その歌は、静かな大きな流れのように心地《ここち》よく、少年武満徹《とおる》の心に届《とど》きました。

「こんなに素晴らしいものが、この世にあったのか」

武満が音楽と出会った瞬間《しゅんかん》でした。

このとき彼が聴いた歌は、リュシエンヌ・ボワイエの歌う『パルレ・モア・ダムール(聞かせてよ、愛の言葉を)』です。しかし彼は、まだそのことを知りません。名前もわからないひとつの歌が、生の開始のシグナルのように、彼の心に鳴り響《ひび》いたのです。

彼は、のちにこう語っています。

それは、私にとってひとつの決定的な出会いであった。その時、私の心は他の学生たちとおなじように、おおうことのできない空洞《くうどう》であり、ただその歌がしみ

手回し式の蓄音機。

こむにまかせていた。あの時、私たちはけっしてその歌を意思的に聞こうとしていたのではなかった。そして歌はまた、ただ静かに大きな流れのように私たちの肉体にそそがれたのだ。（中略）その歌は時と空間を越《こ》えた充分《じゆうぶん》なやさしさで私たちをつつんだ。

（『武満徹　エッセイ選』）

演奏時間わずか三分ほどのその歌を聴いて、武満は思いました。

「音楽とは何と心地よいものなのだろう。もし戦争が終わったら、そして自分が生き残ったら、音楽の勉強をしたい」

このとき武満徹は、楽器にほとんど触《ふ》れたことがなく、楽譜《がくふ》も読めない、小さな、やせた、ひとりの少年でした。

ピアノを探して

やがて戦争が終わり、武満と少年たちは、兵隊のような生活から解放されて、普通《ふつう》の日常生活に戻《もど》ります。それは、明日の命がどうなるのかも全く分からず、死と隣《となり》合わせだった厳しい毎日がまるで嘘《うそ》のような、晴やかで平和な時代の到来《とうらい》でした。

しかし敗戦後の混乱は、穏《おだ》やかな日常生活とはほど遠いものでした。

物資は相変わらず不足し、とくに食糧不足は深刻でした。戦時中から続く食糧配給制度は戦後も続いていたものの、人々の空腹を満たすには到底《とうてい》足りる量ではありませんでした。生きていくためには、闇市《やみいち》で必要なものを手に入れるしかなかったのです。日本中が混乱し、そして誰《だれ》もが飢《う》えていました。

再開された学校もまた、混乱していました。戦前までの教育は間違《まちが》ったこととして、手のひらを返したように否定されました。しかし、それでは一体何を教えればいいのか？　教師たちも戸惑っているようでした。

満足な授業も行われず、教師が話すことといえば、「どこかで安い闇米が手に入らないか」といったことばかりでした。

武満は、そんな教師たちの姿を見て、学校に失望します。

学徒動員され、電気も通わない山奥で働かされていたとき、武満は、学校へ帰ることだけを夢見ていました。日常に戻り、教室で友人と語り合い、そして学ぶことを夢見ていたのです。

しかし、授業中に闇米の手に入れ方を生徒にたずねる教師たちから学ぶことなど、何もないように思われました。もちろん、武満も腹を空《す》かせていました。しかし彼は、腹を空かせるのと同様に、知識にも飢えていたのです。

兵隊のように働かされた日々もまったく無意味なことになってしまった、では何が新しい価値なのか？　それに答える声は、どこからも聞こえてこないようでした。

いったい何が、誰が、どうして、争いごとを起こしているのか？

何が、誰が、どうして、音楽にまで敵味方を作るのか？

武満は何も信じられず、と同時に、確かに信じられることを、それを知るための知識を求めていたのです。

大きな期待を抱《いだ》いて帰ってきた教室に彼は失望し、だんだんと学校から足が遠ざかっていきました。

その頃、武満の身にさらなる事態が起こります。体調を崩《くず》して、しばらくの間、病《びょう》床《しょう》に伏《ふ》すことになったのです。

彼は、日頃の不規則な生活がたたって体を壊したのだと思っていました。しかし後から考えると、これは結核の最初の兆候《ちょうこう》でした。
その当時、結核には有効な治療法《ちりょうほう》も特効薬もなく、充分に栄養を摂《と》って安静にしているほかにない難病でした。

学校へ行かず、鬱《うつ》々と一日を過ごす武満に力を与《あた》えたのは、やはり音楽でした。その頃始まったラジオの進駐軍《しんちゅうぐん》放送から流れる音楽に、武満は夢中になりました。毎日午後になるとクラシック音楽がかかりました。たくさんの素晴らしい演奏を聴き、

セザール・フランク（1822-90）。ベルギー出身、フランスで活躍した作曲家。終生、教会のオルガン奏者として活動する一方で、サン＝サーンス、フォーレらとともにフランス国民音楽協会の設立に関わり、多くの作品を残した。

曲の題名を覚え、作曲家の名前を知りました。武満にとって、ラジオははじめての音楽の先生でした。武満が聴《き》いた進駐軍放送は、FEN、AFNと名称を変えて現在も続いています。

武満は、ラジオという先生からさまざまな音楽を知り、少しずつ、だんだんと、クラシックの曲や、それを演奏するオーケストラ、そしてそれらの楽器が奏《かな》でる音色に魅了《みりよう》されていきました。

あるとき、一台のピアノが演奏する曲がラジオから流れてきました。それは、ベルギー出身の作曲家、セザール・フランクの『前奏曲、コラールとフーガ』という曲でした。

その曲を聴いた感動はとても激しく、そして、それまで感じたことのない感覚が、武満の心にもたらされました。

それは平和の歌、祈《いの》りのようなもの、幾多《いくた》の辛酸《しんさん》をなめたあとの希望のようなものでした。

（『武満徹著作集　2』）

武満は、それまでピアノなどの演奏家として音楽に関わっていきたいと思っていました。しかしこの『前奏曲、コラールとフーガ』を聴いたとき、演奏家ではなく作曲家になりたいと強く感じました。

平和の歌を、祈りの希望の音楽を、自分の手で作る。そう、武満は固く心に誓《ちか》ったのです。

朝から晩まで、音楽以外のことは、考えられなくなっていました。

音楽への思いは高まり、本来であれば安静が必要な結核という病気を抱えたまま、武満は外へ出ていきます。

図書館へ通っては楽譜を借り、書店や古書店でピアノや作曲の教則本を手にしました。楽譜や本もまた、彼の先生でした。

そして何よりも、その頃のいちばんの願いは、ピアノに触れることでした。とにかくピアノに触《さわ》りたかったのです。

町を歩いているとき、どこからかピアノの音が聞こえてくると、武満はその方へ歩いていき、そしてピアノの音がする見知らぬ家の扉《とびら》を叩《たた》きました。

「ピアノを弾《ひ》かせてください」

そして見ず知らずの家に上がって、ピアノを弾かせてもらいました。

当時、ピアノは大変に高価なものでした。また、戦争で焼けてしまったピアノも数多くありました。武満の家にも、もちろんピアノはありませんでした。

突然《とつぜん》訪ねてきた、どこの誰かもわからない少年に、人々は親切にしてくれました。何度も何度も、数え切れないほど扉を叩き、そして一度も断られたことがなかったそうです。

それは、武満にとってのはじめてのピアノ教室でした。

ラジオという先生から音楽を学び、楽譜を眺《なが》め、読み方を知り、少しずつその書き方を憶《おぼ》え、町を歩けば、見知らぬ家というピアノ教室に飛び込《こ》み、武満は、誰かに教わるということもなく、作曲家への道を歩きはじめていました。

働く日々

しかし、その頃の武満にとって、作曲家になるという夢は、はるか遠くにありました。

家族からは大反対されました。本格的な音楽の教育を受けてもいない武満が作曲家を目指すことは、あまりに無謀《むぼう》な試みのように感じられたのです。

なかでも夫を早くに亡くし、女手ひとつで子どもたちを育ててきた母親は、長男の彼がちゃんとした仕事に就き、一家を養ってくれることへの淡い期待を持っていたのかもしれません。

それでもあきらめない武満に対し、母親はこう言いました。

「私は一切、面倒《めんどう》は見ない。自分で全部やりなさい」

生活を続け、作曲を続けるためには働くしかありません。家族に頼《たよ》ることは、もうできないことでした。

あるとき友人の親の会社を紹介《しょうかい》され、事務の仕事を得ました。武満は、仕事の合間に、事務机に楽譜を広げ、作曲の練習をしました。仕事をしていても、いつも頭にあるのは、音楽のことばかりでした。

またある日、武満は小田急《おだきゅう》線に乗って、神奈川県の座間《ざま》へ向かいました。座間には、アメリカ軍が駐留《ちゅうりゅう》していました。夕方になると、一日の仕事を終えたアメリカ兵たちが基地から出てきます。武満はアメリカ兵にカタコトの英単語で話しかけ、そしてタバコやチョコレートを手に入れました。なるべく安く、なるべく多く買い取るのです。そうして手に入れたタバコなどを持って、座間から都心の銀座に向かいました。銀座のバーやキャバレーで、安く買ったタバコやチョコレートを、今度は高値で売るのです。これは違法な闇商売です。しかしうまみが多く、武満は、幾度も座間から銀座へと通いました。

座間へ通ううちに、ひとりのアメリカ兵と顔見知りになりました。親しく口を利《き》くようになって、武満が作曲家を目指していることを知ったそのアメリカ兵は、「横浜《よこはま》に働きに来い」と言いました。そこにはピアノがあるというのです。

武満は横浜の駐留軍キャンプで、住み込みで働きはじめました。十六歳《さい》の冬、クリスマスの少し前のことです。

職場は、兵隊相手のバーでした。昼間は掃除《そうじ》などの雑用を済ませ、夜になってバーの営業が始まると、レコードをかけるのが主な仕事でした。土曜、日曜にはバンドの生演奏が入り、武満は、楽譜を並べ、使い走りをし、バンドボーイとして働きました。

バーに置かれていたのは、ヤマハ製のグランドピアノでした。はじめて自由に弾けるピアノを前に、武満の心は高鳴りました。仕事が空いている時間は、ピアノを自由に使っていいという約束だったのです。仕事は夜だけといってよく、ピアノに触れる時間は充分すぎるほどにありました。

武満は、バイエルと呼ばれるピアノの基本的な教則本を買い、基礎《きそ》を学ぶことから始めました。そして時間の許すかぎり、いつまでもピアノに向かっていました。

やがて武満は、そのピアノを使って実際に少しずつ作曲をするようにもなりました。自分が感じ考えた音を楽譜に記し、それをピアノで弾き、確かめてみる。まだ形にならない思いや音を、ひとつひとつ探《さぐ》るように、いつまでもピアノを弾き続けました。

仕事を紹介してくれたアメリカ兵は、いつでも武満のことを気にかけていてくれました。武満の英語はカタコトで、アメリカ兵は日本語を話せません。それでも、お互《たが》いに何か通じるものがありました。

アメリカ兵は、武満が映画好きだと知ると、週に何度も、アメリカ人専用の映画館に連れて行ってくれました。字幕《じまく》がないアメリカ映画でも、武満は喜んで見ていました。

いつでも親身になり世話をしてくれたアメリカ兵は、あるときこんな言葉をかけました。

「音楽をやりたいんだったら、ちゃんと学校へ行きなさい。大学を出たほうがいい」

武満は返す言葉もなく、ただ黙《だま》って、それを聞いていました。

やがて親切なアメリカ兵は帰国することになり、そして武満は、仕事とピアノを失いました。横浜での生活は、一年ほどで終わりました。

武満にとって、音楽で生活することは、果てしなく遠いことでした。自分の手で作曲する音楽は、まだ形になっていなかったのです。

焼け跡の町で

ある日、東京神田《かんだ》の古書店街を、武満徹は歩いていました。

そして一軒の古書店に入り、ラジオで聴いた曲の楽譜を買い求めました。仕事の合間に古書店や図書館に通っては、楽譜や音楽の専門書を手に入れ、作曲家になるために独学を続けていたのです。そして、楽譜を眺め、音楽の専門書を読む毎日の中で、少しずつ、さまざまな音楽の理論や作曲法を学んでいきました。

いつでも、どこにいても、武満の頭の中では、音楽が鳴り響いていていました。

古書店を出て、武満は、またどこかへと歩きはじめました。

仕事や身寄りのない貧しい人々が町中にあふれ、空襲の跡《あと》がまだあちこちに残っていました。食糧や物資の不足は戦後数年が経《た》っても解消されず、その一方で闇市には物があふれていました。

そうした戦後の混乱の中で、本来であれば高校生の武満が、大人たちに混ざって一生懸命生きていたのです。

ここで、彼の生い立ちを振《ふ》り返ってみます。

一九三〇（昭和五）年、一〇月八日、東京の本郷《ほんごう》に生まれ、生後すぐに、保険会社社員であった父親の仕事のため中国大陸へ渡り、大連《だいれん》で幼少期を過ごします。

武満は長男で、両親とふたりの妹の五人家族でした。父親はジャズのレコードを収集し、尺八《しゃくはち》を吹き、母親と一緒《いっしょ》に社交ダンスの大会に出場するなど趣味《しゅみ》が多く、当時の言葉でいえばモダンでハイカラな父親でした。

一九三七年、武満は、小学校入学のためにひとりで飛行機に乗って帰国します。

「日本の小学校に入りたい」

武満本人がそう望み、日本の小学校に入ったのですが、なぜそう言ったのかは憶えていないと語っています。

帰国した武満は、本郷の伯母《おば》の家に住み、小学校へ通いはじめます。

小学校では、頭の大きいことから「おでこ」というあだなで呼ばれ、歌が上手で、学芸会などでは、率先《そっせん》して活躍《かつやく》していました。

帰国した当初、日本語よりも中国語のほうがうまく話せることをからかわれ、いじめられていたこともありました。

箏《こと》の師匠《ししょう》をしていた伯母の家には、年上の従兄弟《いとこ》たちがおり、よく映画に連れて行ってもらいました。のちに映画は、仕事でも、趣味でも、武満にとって大切なものとなります。

母とともに。

小学校入学の翌年、父親が亡《な》くなります。そして、母親と妹たちも東京で暮らすようになりますが、武満はそのまま伯母の家に住み続けました。

一九四一年に太平洋戦争が始まります。そして戦争のさなかの一九四三年に、武満は中学生になります。

一九四五年三月、東京大空襲と呼ばれる、アメリカ軍によるすさまじい爆撃《ばくげき》で、東京は一夜にして焼け野原になってしまいました。

武満自身も空襲の被害《ひがい》にあっています。家族と住んだ家も、長い間暮らしていた伯母の家も、焼失してしまったのです。失意の中にある翌四月には、学徒動員の命令がかかり、食糧増産のために埼玉《さいたま》の山中で働く日々を送り、そして一曲の歌と出会うことになります。

その年の八月に戦争は終わり、翌年、武満は中学校を卒業します。

武満が母親とふたりで暮らしていたのは、東京大空襲の直前の頃でした。

悪化する戦況に学童疎開《そかい》が行われ、まだ幼いふたりの妹は家を離《はな》れました。武満は、長い間住んでいた伯母の家から母親の住む家に移り、しばらくの間、母子だけの生活を送りました。

武満は、会社勤めの母親が持ち帰った紙くずを七輪《しちりん》に上手にくべ、火をおこし、ご飯を炊《た》いて、母親の帰りを待ちました。

武満が炊いたご飯は「とてもおいしかった」と、母親は妹たちに、のちのちまで嬉《うれ》しそうに語っています。

空襲によって焼け野原となった東京のようす（渋谷区道玄坂付近）。

そうして武満は、学校へ通うことはほとんどなく、ひとり作曲家への道を歩み始めたのです。

東京の町を、仕事を求めて歩き、楽譜を探して歩き続けました。焼け跡の町に高い建物はなく、今では信じられないほど高い青空の下を、武満は、音楽を求めて歩き続けたのです。

第二章　音楽を求めて

紙ピアノを持って

いつの頃《ころ》からか、武満《たけみつ》は手作りの「紙ピアノ」を持ち歩くようになっていました。ボール紙を正確にピアノの鍵盤《けんばん》と同じ大きさに切り取り、そこに白と黒の紙を、ピアノの鍵と同じ数だけ貼《は》り付ければ、紙ピアノの完成です。それを折りたたんで鞄《かばん》に入れておき、いつでもどこでもピアノの練習ができるようにしたのです。

子どもの工作のような紙のピアノでも、本物のピアノを持てずにいる彼《かれ》にとっては必要な物でした。

そういった状況《じょうきょう》では、本物のピアノに触《ふ》れる機会があれば、絶対に逃《のが》すまいと必死になります。あるとき、人づてに、ピアノが弾《ひ》ける職場を紹介《しょうかい》されました。そこは新宿の一流クラブでした。

喜び勇んで出勤した初日のことです。客からリクエストを受けたものの、武満にはその曲が弾けません。それどころか、その頃の彼のピアノの腕前《うでまえ》は、ショパンのある一曲をゆっくりと弾くことができるだけでした。

リクエストに応《こた》えられない武満に、客から冷たい視線がそそがれます。

彼はどうすることもできずに、仕方なくショパンの曲をただ繰《く》り返し弾きました。

そして、さきほどまでの喜びはどこへやら、ついにはピアノを弾くことを止《や》めてしまったのです。当然、店は一日で辞《や》めさせられました。

本来であればまだ高校生の武満は、学校を拒否《きょひ》し、音楽を求め、仕事を求め、十代の日々を過ごしていました。

早く作曲家になりたいと、気持ちは焦《あせ》るものの、彼には自由に弾けるピアノもなく、紙ピアノで練習を続けるのが現実でした。

ひとつだけ、自由に弾けるはずのピアノがありました。それは、学校にあるピアノです。ただピアノに触れるだけのために、拒否している学校へ足を運んだこともありました。階段教室にあったそのピアノにはいつも鍵《かぎ》がかかっていて、武満はピアノを弾くために、その鍵を壊《こわ》しました。何度かそれを繰り返すうちに、やがて鍵を壊すことも面倒になり、武満の足は学校から遠のいていきました。鍵のかかったピアノは、自分を拒否しているように感じられたのです。学校は、武満に対し、拒否と失望と疑問しか与えませんでした。

戦後しばらくすると、「自由」「民主主義」「国民主権」といった言葉を、新聞やラジオで見聞きするようになり、学校でも教えるようになりました。それらひとつひとつは正しいことかも知れません。しかし軍事教練や勤労動員に明け暮れ、学校教育のすべてが戦争一色に染められていたのは、ついこの前のことなのです。それが手のひらを返したように、まるで何も無かったことのように、過去を水に流してしまっている。

価値観の変更《へんこう》を簡単に強《し》いる学校という存在は、武満にとって疑問符《ぎもんふ》そのものであり、信じることができなかったのです。

そういった状況にあって、武満にとって信じられるものは、やはり音楽でした。

しかし、戦後の変化する時代と正面から向き合わず、ただ音楽に没頭《ぼっとう》することにも、何か足りないものを感じていました。自分自身にとって、音楽がひとつの逃《に》げ場になってしまっているのではないか、武満はそう思っていたのです。

私は、あるいは、音楽に逃げ場をもとめていたのかもしれなかった。したがって音楽によって私の心は静められはせず、音楽は私をいら立たせた。ものをつくりだすことでひとつの〈約束〉をかわす未来というものは何であるか、私はそれを知りたかった。（中略）私たちは自己の〈生〉をとりもどすことに飢《う》えていた。

（『武満徹　エッセイ選』）

自分には時間が無い。武満はそう思い、焦っていました。しかし、自分が作りたいと願う音楽は、そのとき、まだ形にもなっていません。それは、はるか遠くにあるものでした。

ピアノを手に入れることができず、音が出るはずもない、紙ピアノを持ち歩く状況もまた、気持ちを焦らせ、いら立たせていました。それでも、あきらめることなく、精一杯《せいいっぱい》、ひとり音楽の道を歩き続けていました。

擦《す》り切れれば作り直し、武満は、ずいぶん長い間、紙ピアノを持ち歩いていました。

はじめてのピアノ

そしてようやく、十七歳《さい》のとき、はじめて自分の部屋《へや》にピアノがやってきました。もちろん買うことなどできません。人づてに借りることができたのです。借り物とはいえ、はじめての自分専用のピアノに、武満は心を躍《おど》らせました。

そのピアノは私の狭《せま》い部屋には不似合いな気品をもたらした。

（『武満徹　エッセイ選』）

フランス製のそのピアノを前にすると、なぜか鍵盤を叩《たた》いて音を出す気持ちになりません。気品の高いそのピアノは、ただたどしい練習のためにあるのではなく、美しい音楽を奏《かな》でるために存在している。武満はそう感じたのです。

あるとき、武満の部屋を訪《おとず》れた友人が、そのピアノを弾いたことがありました。とても流暢《りゅうちょう》なその演奏を聴《き》いて、武満は「このピアノは値打物にちがいない」と思ったそうです。

はじめての自分専用のピアノで、武満は作曲に熱中しました。心にある音やメロディーを、ひとつひとつ鍵盤を叩きながら確かめ、流れ出る音を楽譜《がくふ》に書き入れていきました。

たくさんの音を確かめ、試行錯誤《さくご》しながら、武満は、いくつかの作品を作りました。もちろんすぐに作品ができあがるわけではなく、何年もかけて、やり直し、手をいれ、ようやく形にしていったのです。

武満のピアノの腕前は、自分専用のピアノを持ってからも、あまり上達しませんでした。ピアノ教室に通ったことも、専門の教育を受けたこともない、独学のピアノの音色を、彼は自分でこんなふうに言っています、「私の演奏は貧しかった」と。

コンサート

武満は、あるときまで、日本にはベートーヴェンのような音楽家はいないと思っていました。自分が、オーケストラ作品を作曲する、はじめての日本人になる。そう思っていたのです。

「たぶん、こんな音楽は、日本人は誰《だれ》もやってないから、僕《ぼく》が、日本でいちばん最初の、シンフォニー（交響曲《こうきょうきょく》）とかコンチェルト（協奏曲）とか、そういうものを書く作曲家だろう」っていうふうに、しばらく長いこと、がんめいに思い続けてたことがあったんですよ……。でも、そうじゃなくて、ある時、街へ出て、なんか音楽会のポスターを見たら、日本人の作曲でピアノ協奏曲とかヴァイオリン協奏曲っていうものの発表会があったんですね。（中略）こういう人がやっぱりいると思って、その時は非常に嬉《うれ》しかったですよ。

（『武満徹　対談選』）

自分がやりたいと願う音楽を、すでに作曲し演奏する人たちがいる。それは、何の手がかりもない、まったく手探《てさぐ》りの状況にいた武満に対し、ひとつの道がそこにあることを教えてくれたできごとでした。

自分はひとりきりではない。同じ音楽を作る人たちがたくさんいたことに、彼はとても勇気づけられました。

日本人の作品が聞けることを知った武満は、コンサートに行きたくて仕方ありません。しかし、それには入場料が必要です。手持ちのお金は、生活費とピアノ代でまたたく間に消えてしまって、チケットを買う余裕《よゆう》などありません。

そこで武満は、何とかして会場に潜《もぐ》りこむ方法がないかと知恵《ちえ》を絞《しぼ》るようになりました。あるときは演奏者に紛《まぎ》れて裏口から入場し、またあるときは楽団の事務所に頼《たの》みこんでチケットをもらいました。

あるコンサート会場のチケットもぎりの女性とは、顔見知りのようになってしまいました。お金もないのに、何度も何度もやってきては、拝《おが》み倒《たお》してお願いする武満のあまりのしつこさに、彼女《かのじょ》は根負けして、こう言いました。

「もう入んなさい、いいから、さあ！」

ベートーヴェンの交響曲第九番、いわゆる『第九《だいく》』のコンサートでは、たくさんの合唱団員が会場に出入りします。合唱団には、少し年上の大学生たちがよく出演していました。それを知った武満は「しめた」と思いました。大勢の大学生がいるので、同じように黒い服さえ着ていれば、簡単に出演者に紛れることができたのです。

そして首尾よく楽屋口から入場した武満は、客席には向かわず、そのまま学生たちと一緒《いっしょ》に舞台《ぶたい》に出ていきました。

もちろん『第九』を歌うことなどできません。武満の目的は、舞台の上から実際に生で演奏しているオーケストラを、この目で見ることでした。

ヴァイオリンがあり、チェロがあり、ティンパニーがあり、その他数々の楽器が音を奏でていました。武満は、口を開け歌うふりをすることもせず、ただひたすらオーケストラの演奏と、目の前で演奏を続ける楽器を見ていました。

『第九』のコンサートが行われるたびに、武満は偽者《にせもの》の大学生になり、何度も舞台上から、オーケストラを見続けました。

コンサートに通う日々の中で、武満は、ひとりの人物と出会うことになります。それは、武満にとって、とても重要な出会いでした。

ある日のコンサートで演奏された、清瀬《きよせ》保二《やすじ》の『第一ヴァイオリン・ソナタ』に武満は驚《おどろ》きと感銘《かんめい》を受けました。その曲は、自分の求める音楽のひとつの形だったのです。その頃武満は、自分が求め、イメージするような音楽を作る作曲家は、どこにもいないのではないかと思っていました。たとえば、ベートーヴェンの交響曲などを聴けば深い感動をおぼえます。しかしそれは、武満の求める音楽とは違《ちが》うものでした。

武満は、清瀬の『第一ヴァイオリン・ソナタ』に、ひとつの音楽の理想の形を見たのです。その曲はまた、ベートーヴェンの作るような曲だけが音楽のすべてではなく、音楽は、もっと広く、豊かなことを教えてくれました。自分はひとりではない、武満はそう思いました。

大分《おおいた》生まれの作曲家清瀬保二は、五音音階、あるいはペンタトニックと呼ばれる、日本の民謡《みんよう》などに見られる音階を取り入れた作風で知られ、また武満と同じように、ほとんど独学で作曲を学んだ人物でした。

武満は、コンサートが終わると、演奏をしていた楽団の事務所を訪ねました。そして、そこにいた職員に「清瀬先生に会いたいんです」と頼みました。

するとその職員は、とても親切に、武満に対応してくれました。

「清瀬先生なら、つい二、三分前までそこにいらしたんですよ」

そう言って、突然《とつぜん》訪ねてきた名前も知らない少年を追い返すこともなく、清瀬の家の住所と地図を書いてくれました。

武満は地図を頼《たよ》りに、清瀬保二の家に向かいました。鞄には、これまで自分が手探りで作曲をしてきた曲の楽譜が入っています。先生のいない武満は、これまで誰かに自分の作品を見てもらうことができないままでいたのです。

『第一ヴァイオリン・ソナタ』を書いた清瀬保二ならば、自分の曲を理解してくれるかも知れない。武満は藁《わら》にもすがる思いでした。

探し当てた家に着くと、清瀬は留守《るす》でした。

「遅《おそ》くなるかも知れないけれど帰ってくるはずだから、待つなら待ってなさい」

家主からそう声をかけられた武満は、玄関《げんかん》先で帰りを待つことにしました。夜はだんだんと更《ふ》けてゆき、深夜になる頃、清瀬はようやく帰宅しました。

「君、なんですか?」

そう問う清瀬に、武満は挨拶《あいさつ》もそこそこに、訴《うった》えかけるように話をしました。その夜コンサートで演奏された『第一ヴァイオリン・ソナタ』に感動したこと、そして、自分は作曲をしていて、楽譜を見てもらいたいのだ、と。
清瀬保二は、怪訝《けげん》な顔をしながらも、武満の話を聞いてくれました。そして初対面の武満を、深夜にもかかわらず、家の中に招き入れてくれたのです。部屋に上がり、楽譜を差し出すと、清瀬はそれをとても丁寧《ていねい》に見てくれました。

ぼくはそのときもう楽譜を書いていたんですね。そりゃどうせひどいもんだったと思うんだけど、それでもすごく丁寧に見てくださって。なんの面識もない、うすぎたない子供が来たのにもかかわらず、「君はもしかしたら、こういう人の曲が好きかもしれませんね」と、それこそウワーっと積んである楽譜のなかから出してきて、弾いてくれたんですよ。

（『武満徹　自らを語る』）

その夜、清瀬がピアノで弾いてくれた曲は、どれも素晴《すば》らしく、武満を感動させました。その日から武満は、清瀬のもとへ足繁《しげ》く通うことになります。

終電が過ぎた深夜の線路の上を、武満は歩いていました。清瀬の家から、六駅離《はな》れた自分の部屋まで帰るために、近道をしていたのです。

自分が書いた楽譜を見てもらうことができた。そしてそれは、ひとりの本物の作曲家に何かを感じさせ、その手でピアノを弾かせることになった。それは、武満にとって、とても大きな経験でした。

独学の道

武満は、清瀬保二に弟子《でし》入りしたような形になりました。しかし、作曲を直接教えられたことは、ほとんどありません。

「好きなようにやりなさい」

それが、武満に対する、清瀬のアドバイスでした。

武満は、清瀬の家に通い、仕事場へついてゆきました。あるコンサートに出かけたとき、終了後の楽屋で、作曲家の早坂文雄《はやさかふみお》を紹介されました。

「このまえうちにきた若い武満君っていうんだ」

「いくつですか？」そう早坂が武満にたずねます。

「十七歳です」武満が答えると、

「若くていいですねえ」と早坂は言いました。

映画『七人の侍《さむらい》』など、数多くの映画音楽を作曲した早坂文雄もまた、武満にとって、ひとりの先生のような存在になっていきます。

「いちど遊びにいらっしゃい」

という早坂の言葉をうけ、彼は早坂の家を何度も訪ねていくようになりました。

清瀬保二も、早坂文雄も、まだひとつの曲も発表していない武満に対して、同じ音楽を志す仲間のように接してくれました。武満の若くて青臭《あおくさ》い「こんな音楽はダメだ、あの作曲家は間違《まちが》っている」といった意見も、怒《おこ》ることなく聞き、受け入れてくれたのです。

作曲の技術的なことは教わらなくとも、清瀬保二から多くのことを学んだと、武満は言っています。清瀬の妥協《だきょう》をしない作曲に対する姿勢や、その純粋《じゅんすい》な生き方を間近に見ることで、ひとりの人間として、大きな影響《えいきょう》を受けたのです。

清瀬のもとに通いながらも、武満は、作曲のための独学を続けていました。数々の音楽の理論書を読み、研究しました。また、豊富な音楽資料があるＣＩＥ図書館へ足繁く通いました。このＣＩＥ図書館というのは、当時、日本を占領《せんりょう》していたアメリカが、アメリカの文化や民主主義への理解を日本に広めるために、日本国内の各所に開設した図書館のことです。

そこでは、当時耳にすることの難しかった海外のレコードを聴かせてくれる、レコードコンサートが毎週無料で行われていました。お金のない武満が、無料でレコードを聴けるチャンスを逃すわけがありません。武満は、ＣＩＥ図書館へ何度も通いました。

そして、十八歳になった冬、武満は音楽大学を受験します。

これまで、学校を拒否し、ひとりで音楽の道を歩んできた武満でしたが、親戚《しんせき》に強くすすめられ、受験をすることになったのです。

武満にも、迷《まよ》いがあったのかも知れません。音楽大学へ行かないという選択《せんたく》は、専門の教育を受けないということだけでなく、音楽家としての将来を、自分で閉ざしてしまうことになってしまう恐《おそ》れがあったのです。つまり、音楽大学へ行けば、作品を作り、それを批評してくれる先生たちがいて、そして曲を発表することができます。その絶好の機会を失うのです。

それでも武満は、一日目の試験は受けたものの、二日目の試験は欠席しました。やはり教育というものを信じることができなかったのです。

武満は音楽教育について、こんなことを語っています。

演奏技術は教えることができるし、その教育も必要です。しかし、作曲を教えることはできないと思います。ソナタ形式とか、交響曲とか、西洋音楽が歴史的に創り上げた形式の概観《がいかん》を教えることはできるでしょうが、作曲家にとって一番大切なことは、どれだけ音楽を愛しているかであり、また自分の内面に耳を傾《かたむ》け何かを聴き出そうとする姿勢だと思います。こういうふうに楽器を重ねれば美しい響《ひび》きが作れるという原則を教えることはできますが、それは最低限必要な技術に過ぎません。そんな表面的な技術ではなく、その人なりの美しい音があるはずです。

(『武満徹　エッセイ選』)

技術的なことは教えられても、その人なりの美しい音は、教育では教えられない。そう武満は言っています。

学校教育では、歴史と形式を学び、その模倣《もほう》をすることから始めます。課題を与《あた》えられ、それをこなし、こなすうちに形ができていきます。テストのための勉強であれば、それでいいのかも知れません。しかし、作曲は、テストではありません。それは、その人なりの美しい音という、答えのない問題に答えようとすることでした。

武満は、専門の教育を受けず、型にはまらない、自分の音楽を突《つ》き詰《つ》めていく道を歩んでいきます。

私にとっては学校教育の道のりはあまりにも遠く思われた。

（『武満徹　エッセイ選』）

自分が納得《なっとく》のいく美しい音楽を、早く作曲したい。そう思う武満にとって、学校教育は遠回りでしかなかったのです。

大学受験二日目の試験を放棄《ほうき》した武満は、その足で映画を見に行きました。映画館の暗がりで、彼は何を思っていたのでしょうか。後悔《こうかい》していたのかも知れません。あるいはもしかしたら、どこかすっきりしたような、開放感を味わっていたのかも知れません。時間が過ぎ、映画の物語が進みます、そして、試験の時間は、終わっていました。

もう引き返すことはできません。

独学の道を歩むことを、武満は決めたのです。

二つのレント

武満は独学を続け、自分の音を探し求め、作曲し、そして、もうすぐ二十歳になろうとしていました。

そしてとうとう武満徹が作曲した、その作品を発表する機会がめぐってきました。清瀬保二や早坂文雄が主催《しゅさい》するコンサートで、武満の作品を発表することが認められたのです。

ピアノで何度もその音を確かめ、何度も楽譜を書き直し、何年もかけて、ようやく、自分が納得する曲ができました。完成したその曲には、『二つのレント』という題名がつけられました。

一九五〇年（昭和二五）一二月七日、ピアノ独奏曲『二つのレント』が、コンサート会場に鳴り響きました。

レントとは、音楽用語で、「ゆるやかに」「遅く」といった意味です。その言葉の通り、『二つのレント』は、静かに始まり、ゆるやかに流れ、演奏時間十分ほどの間、決して急ぐことはなく、静かに終わってゆきました。

コンサート会場で、武満はどんな気持ちを味わっていたのでしょうか。緊張《きんちょう》で震《ふる》えていたのでしょうか。喜びがあふれ、満足していたのでしょうか。いずれにせよ、武満徹は、二十歳の冬、音楽家としてデビューしたのです。

しかし、武満のデビュー曲は、ひどくけなされてしまいます。

ある音楽批評家からは、「武満の作品は音楽以前である」そう否定されてしまいました。

これまで、独学で作曲を続けてきた、そのすべてが無駄《むだ》になってしまったのでしょうか。

いや、無駄にするわけにはいきません。

まだ、始まったばかりなのです。

デビュー曲を否定された武満は傷つき、落ち込みました。

しかし、『二つのレント』は、素晴《すば》らしい経験も、もたらしてくれました。新たな友人が、同じ音楽を志す仲間ができたのです。

その日コンサート会場に観客として来ていた、同世代の見知らぬ若者ふたりが、『二つのレント』に感激したと楽屋を訪れてきました。

「おもしろかった」

「素晴らしい」

ふたりは、口々にそう言いました。

楽屋を訪れたふたりは、湯浅譲二《ゆあさじょうじ》、秋山邦晴《あきやまくにはる》といい、のちに武満と仕事をともにすることになります。

『二つのレント』は、武満に悲しみと喜びを与えました。

のちに武満は『二つのレント』について、「他のどの作品にもましてそれに愛着がある」と語っています。

傷つきながら、また新たな出会いに喜びながら、武満徹の作曲家としての人生が始まりました。

第三章　音楽の生活

実験工房

デビュー曲が厳しい評価を受けた武満《たけみつ》でしたが、続けて『妖精《ようせい》の距離《きょり》』という作品を発表します。ピアノとヴァイオリンで演奏されるその曲もまた、あまり高い評価を得ることはできませんでした。

それは、武満が自分のイメージした音楽を作った結果でした。つまり、武満の音楽は、耳慣れたわかりやすいものではなく、新しい、まだ誰《だれ》も聴《き》いたことがないような音楽であり、聴衆《ちょうしゅう》に理解され、受け入れられるのに、まだもう少しの時間が必要だったのです。武満は、何より自分のイメージする音楽を求めて作曲をしました。

作曲をすること、それは自分ひとりで行う仕事です。部屋《へや》にこもり、ピアノに向かい、楽譜《がくふ》に音符《おんぷ》を書き入れてゆく、自己完結的な作業です。しかしそれは、ひとりきりで孤立《こりつ》しているということではありません。音楽にはさまざまな人たちが関わります。

たとえばそれがオーケストラの作品であれば、武満のような作曲家がいて、指揮者がいて、楽器の演奏者がいます。観客や評論家もいます。お互《たが》いが関わりあうことで影響《えいきょう》を受けあいます。武満もいろいろな人たちから影響を受けました。清瀬《きよせ》保二《やすじ》や早《はや》坂文雄《さかふみお》など先生と呼べる人たちからの影響があり、また、友人からの影響も大きいものでした。

高校へはほとんど通わなかった武満でしたが、学校の友人との交流は続いていました。ある日、武満が後輩《こうはい》の家を訪ねると、そこに、その後輩の知り合いが遊びにやってきました。そして、お互いに音楽好きということで意気投合し、交流が始まりました。

後日、その新しい友人の家に行ってみると、そこはとても裕福《ゆうふく》な家庭で、収集したレコードがたくさんありました。またその家には、レコードを聴くことを目当てに、さまざまな芸術家が集まっていました。武満はそこでまた新しい友人を得ることができました。友が友を呼び、武満の交友関係は広がってゆきました。

一九五一（昭和二六）年、二十一歳《さい》になった武満は、そうして知り合った友人や仲間とともに、「実験工房《こうぼう》」というグループを作りました。それは、ジャンルにとらわれない新しい芸術を作ろうとする、若い世代のさまざまな人々の集まりでした。画家や造形作家、武満をはじめとする作曲家、批評家、劇作家、詩人などがそこにはいました。また、『二つのレント』初演時に武満の楽屋を訪《おとず》れて以来、親しい友人となっていた湯浅譲二《ゆあさじょうじ》、秋山邦晴《あきやまくにはる》も参加しました。

この実験工房は、武満の転機になります。

実験工房の一回目の作品発表会では、画家のピカソが描《か》いた『生きる悦《よろこ》び』という絵画をもとにした、同名のバレエ作品が制作されました。メンバーのひとりが台本を書き、画家や造形作家が舞台《ぶたい》のセットを作り、音楽は武満と鈴木博義《すずきひろよし》が共同で作曲して、オーケストラがそれを演奏しました。

オーケストラでは、さまざまなたくさんの楽器が使われます。しかし武満は、これまでピアノとヴァイオリンを使った曲しか書いたことがありません。

そこで、自分が気に入っている作曲家のオーケストラ作品を研究し、共同制作者のメンバーとともに考え、また実験工房とは別の音楽家の友人にもアドバイスを受けながら、はじめてのオーケストラ作品を作りました。

そのように実験工房では、ジャンルにとらわれない活動がこのあとも続けられていきます。また同時に、それぞれのジャンルでも実験的な試みが行われ、発表されていきました。

実験工房のメンバーとともに。前列左が武満、後列右から秋山、湯浅。

音楽のジャンルでも、メンバーそれぞれが自分の作品を発表しました。また「現代作品演奏会」を開催《かいさい》し、その頃まだ日本ではあまり知られていない、海外の最新の音楽作品を紹介《しょうかい》していくことで、実験工房は注目を集めました。

武満は、『遮《さえぎ》られない休息Ⅰ』というピアノ曲を発表した頃から、いっそう他のジャンルとの関わりが大きくなっていきます。

バレエや演劇、ラジオドラマのための曲や効果音も作りました。当時は録音技術が確立されておらず、ラジオドラマでも生放送が行われ、その場で効果音をつけていくことは緊張《きんちょう》感をともなう仕事でした。またラジオ番組から依頼《いらい》されたのをきっかけに、『さようなら』をはじめとする、素朴《そぼく》な歌の作品も作曲しています。

そうした仕事をする中で、武満はさまざまな楽器を使用しています。ドラムやサックス、アコーディオンといった、オーケストラでは使われない楽器を劇の伴奏《ばんそう》などに取り入れました。またラジオドラマの現場で、サリュソフォンというファゴットに似た楽器に出会い、それを使った作品を作曲しています。

武満は、そうした他のジャンルとの仕事を大事にしていました。いろいろな人たちと仕事をすることで「自分の中の未知なるもの、思いがけない自分を発見することがある」と武満は言っています。

他のジャンルと一緒《いっしょ》に物を作っていくことを現在の言葉にすると、コラボレーション、つまりコラボということになるでしょう。それを音楽用語にすれば、アンサンブルという言葉になります。二人以上での合奏といった意味です。武満は、なぜ自分が音楽をやるのかについて、アンサンブルするように「音楽を通して他と結びつきたい」からだと言っています。

音楽は、自分が音符を書き表したら、それですべてが終わってしまうというものではなく、それをだれか他の人に演奏してもらうか、あるいは自分で演奏しなければならないのです。そして、そこに聴衆がいなければ、本当の意味で音楽は成就《じょうじゅ》しないのです。

（『武満徹　エッセイ選』）

武満は実験工房という場所を通して、さまざまなジャンルのひとたちと出会いました。そしてこの先も、他のジャンルとの仕事は続いていきます。

ミュージック・コンクレート

実験工房での活動中、武満はミュージック・コンクレートという手法で多くの作品を作っています。

ミュージック・コンクレートとは、その頃開発されたばかりのテープを使い、楽器の音や自然の音、歌声や話し声などを録音し、それを素材として、音を加工、編集したものです。つまり、素材の音が録音されたテープの回転速度を変えたり、逆回転させたり、テープを切り取り、またそれをつなげて、録音された音の順番を入れ替えるなどして、ひとつの音楽作品を作っていく手法です。

武満はラジオドラマや、演劇、舞台、バレエ、アニメーション、映画などに、ミュージック・コンクレートで作った作品を積極的に使用しました。楽器ではありえない音を作ることができるミュージック・コンクレートは、映画でもラジオドラマでも、斬新《ざんしん》な効果音として有効に活《い》かされています。

テクノロジーが発達した現在では、音の録音も編集や加工もコンピューターが一台あれば済んでしまいます。テープを加工して作る音楽といってもわかりにくいかも知れません。ミュージック・コンクレートは、コンピューター・ミュージックのさきがけになったものといってよいでしょう。

ミュージック・コンクレートは、フランスのラジオ局の技師だったピエール・シェフェールが一九四〇年代に始めたものとされています。武満はミュージック・コンクレートというものをまだ知らないときに、同じような発想を持っていました。

ぼくは、一九四八年のある日、混雑した地下鉄の狭《せま》い車内で、調律された音楽の中に騒音《そうおん》をもちこむことを着想した。もう少し正確に書くと、作曲するということは、われわれをとりまく世界を貫《つらぬ》いている《音の河》に、いかに意味づけるか、ということだと気づいた。

（『武満徹　エッセイ選』）

調律された音楽、つまり、学校で習う音楽や、コンサートで演奏される作品、ラジオから流れる歌、そういった耳に慣れるように整えられた音楽だけがすべてではないと武満は考えていました。われわれが生活するすべての空間には、さまざまな音があふれています。騒音や雑音もまた、ひとつの音です。

風の音も、鳥の声も、動物の鳴き声も、工場から出る機械の音も、あらゆる音が河のようにこの世界を流れていると武満は感じていました。そして、それを意味づけることが作曲することだと言っています。

武満は、ミュージック・コンクレートという手法を使い、音を加工編集することで、音楽の中に、騒音や偶然を取り入れることができると考えたのです。音が録音されたテープを、任意の場所で切り取り、また、つなげてみる。すると、思いがけない音が生まれます。それは、調律されない、説明を超《こ》えたひとつの音楽の形でした。

武満の感じていた音楽というものは、普通われわれが考えるよりも、ずっと幅《はば》広く、豊かな広がりをもつものだったといえるでしょう。

武満がミュージック・コンクレートで作った作品のひとつに『水の曲』があります。ここで使われた素材は、水の滴《しずく》が水面に落ちる音でした。録音したその音を増幅《ぞうふく》させたり、再生速度を変えるなどの加工をしてひとつの作品にしたのです。

もう少し具体的にいうと、録音技師と協力して、さまざまな場所で水の音を録音することから始まります。まず、身近にある、水道の蛇口《じゃぐち》から落ちる水の音や、水洗便所の音を録音しました。そしてある日、埼玉《さいたま》県の奥地に古い井戸《いど》があるという話を聞き、録音へ向かいました。日中は車の騒音などが入るため、作業は夜中に行いました。マイクを、水をくみ上げるつるべにくくりつけて井戸に下ろし、そして井戸に向かって石を落とすと、水がはねる音が井戸に反響《はんきょう》し、それが徐々《じょじょ》に静かになってゆきます。

何度も何度も繰《く》り返し、井戸に水がはねる音を録音しました。そうして集めた音をもとに、ひとつの曲を作っていきました。

武満は、自分が納得できるような音ができるまで、録音したテープを、切ってはつなげる作業をひたすらに繰り返しました。しかし、何日も徹夜《てつや》で作業をしても、曲として使える部分は十秒ほどしかできません。たった五分ほどの『水の曲』が完成するまでに数か月も要しました。できあがった曲は、水に隠《かく》されていたさまざまな音があらわれるような作品になりました。

録音テープの切り貼り作業を続ける武満。

現代音楽

この頃武満は、器楽作品、つまりピアノやヴァイオリン、オーケストラなど、コンサートで演奏するための曲を作る一方で、ミュージック・コンクレートを中心とした実験的な音楽作品を多数作っています。

世界に目を向けると、同じように、さまざまな形の実験的な音楽が試みられている時代でした。そうした音楽作品は、「現代音楽」と呼ばれています。

現代音楽とは、今現在の音楽という意味ではありません。第二次世界大戦が終わった戦後の世界で、新しい価値を求める動きと、録音機やテープの発明など、新しいテクノロジーの発達が起こり、音楽のありかたを変えていったのです。

現代音楽では、それまでの耳に慣れた、心地よいと感じる美しいメロディーやハーモニーといった音楽のあり方に疑問を唱えます。美しい音や心地よい旋律《せんりつ》といったものに対し、雑音や不協和音などを音楽に取り入れることで、斬新な音の響きを追求しています。

また、作曲家の感性や、演奏家の腕前《うでまえ》などを排除《はいじょ》するように、音符をサイコロの目にあてはめ、それを投げて、偶然《ぐうぜん》に出た数字で楽譜を書いていく、チャンス・オペレーションという方法も、現代音楽のひとつのあり方です。

武満が影響され、また親交もあった、ジョン・ケージという作曲家がいます。ケージの代表作『4分33秒』は、現代音楽を象徴《しょうちょう》するような作品です。その作品では、演奏そのものが行われません。つまり、ピアニストがステージに登場し、ピアノの前に座《すわ》り、そしてピアノのふたを開けるだけで演奏は行わず、四分三十三秒後にピアノの

ジョン・ケージ（1912-92）。アメリカ出身の音楽家。最初、建築の道を志すが、後に音楽に転じる。従来の西洋音楽の枠組みを超えた活動で、音楽界はもとより、前衛芸術全体に大きな影響をおよぼした。
（REX FEATURES／アフロ）

ふたを閉め退場します。その間の、会場の雑音や人のざわめきを音楽作品としたのです。

そういった現代音楽の作品は、難しく、親しみにくいといった感想が多く持たれます。しかし現代音楽は、それまでの音楽のあり方を一変させることで、音楽に豊かな幅を持たせたということがいえるでしょう。

武満は、そうした同時代の作曲家や方法に影響を受けながら、ミュージック・コンクレートでさまざまな音をつくり、それを演劇やラジオドラマや映画といったさまざまなジャンルで使用しました。こうした経験は、このあと武満徹が大きく飛躍《ひやく》する準備になりました。

その頃の暮らし

実験工房で活動中の一九五三年、二十三歳のとき、武満は、結核《けっかく》の治療《ちりょう》のため大学病院に入院しました。それまで適切な治療を受けてこなかったことに加え、長い間の不摂生《ふせっせい》が体を痛めつけ、症状《しょうじょう》を悪化させてしまったのです。

また、武満はあまり自分の体を省《かえり》みないようなところがありました。何より安静が必要な病気だというのに、真夜中に友人の家を訪ねてみたり、そうかと思えば、誰にも言わずふっと姿をくらまして旅に出るなど、まわりにいる人たちを心配させました。また、そういった風変わりな行動をする武満に対し、家族や、実験工房の仲間や友人たちは、少し手を焼いていました。

入院した武満のもとには、友人たちが頻繁《ひんぱん》に見舞《みま》いに訪れました。その中にひとりの若い女性の姿がありました。その女性は若山浅香《わかやまあさか》といい、武満の家の近所に住み、互《たが》いに顔を見知った仲でした。武満が入院するように手を尽《つ》くしたのも若山浅香です。

ある日、武満と若山の弟が多摩川で泳いでいたとき、武満が血痰《けったん》を吐《は》きました。それは、結核が悪化した症状のひとつでした。弟から、武満のその時の様子を聞いた若山は、自分が通っていた結核予防会へ彼を連れていきました。若山もまた結核患者《かんじゃ》のひとりで、治療を受けていたのです。結核予防会は、一九三九年に設立された、結核の研究、予防、治療を行うための施設《しせつ》を全国に持つ組織です。

診察を受けると、武満の肺《はい》は、左右の両方に大きな空洞《くうどう》ができていました。

「これじゃあ、もうあと何年も生きられませんよ。すぐなんとかしなければ」

医者にそう言われ、若山は、武満の母親と相談し、いやがる武満を何とか入院させました。

実験工房の仲間たちが活躍をする中、ようやく音楽家として作品を世の中に発表しはじめた矢先の入院に、武満の気持ちは焦《あせ》っていました。寝巻きの上にカーディガンを引っ掛《か》けただけで病室から抜《ぬ》け出し、ラジオの仕事に向かったこともありました。

治療が始まると、その頃開発された新しい薬の効果があり、症状は少しずつ快方へ向かっていきました。すると武満はすぐに「退院する」と言い出しました。結核は空気感染する病気です。病気が完治しなければ、まわりの人たちにも結核をうつしてしまいます。そして、武満の家には、まだ若いふたりの妹がいました。

それでも武満は、「退院したい、退院したい」と、若山浅香に訴《うった》えました。彼女は毎日のように、武満の世話をしに病院へ通っていました。武満の母親から病院までの定期券を渡《わた》され、「これで毎日病院へ行ってやってください」と、頼《たの》まれていたのです。わがままな武満が、少しでも言うことを聞くのは若山しかいない。武満の母親はそう思っていました。

退院したいと何度も繰り返す武満の世話を続けているうちに、若山浅香は「こうなったら、私が引き取るしかない」と思い始めていました。

入院生活は約九か月におよび、結核は完全には治りきらないまま退院を迎《むか》え、そして、武満と若山浅香は一緒に暮らし始めました。

武満が新居に持ち込んだものは、楽譜などを入れたみかん箱がひとつだけでした。背広もなく、それでは仕事に行くのに困るという話を聞いた浅香の弟が、どこからか背広を手に入れてきてくれました。そんなお金もない状態で、その上に病気を抱《かか》えている。またこの先、作曲家として生活していけるかどうかもわからない。そんな武満との結婚《けっこん》に、浅香の両親は反対していました。

それでも浅香は、手の焼ける武満を放っておけませんでした。浅香は、煙草《たばこ》の吸いすぎやお酒の飲みすぎを注意し、あまり夜更《よふ》かしをしないようにたしなめ、武満の体調に気を配りました。

数か月後、ふたりの新居に、実験工房の仲間や友人が、折り詰《づ》めや飲み物を持って集まり、ささやかな結婚祝いが開かれました。ふたりの結婚は、武満の家族や友人など、まわりにいる人たちをほっとさせました。浅香さんがいるから、武満はもう大丈夫《だいじょうぶ》だと。

結婚はしたものの、決して充分なお金があるわけではありません。当時、ひとつ八円だった納豆《なっとう》を、ふたりで分けて食べることもありました。

ある日、とうとう財布《さいふ》が底をつき、武満が困り果てていると、浅香が「実はへそくりをしているお金があるの」と、何枚かのお札を武満に渡《わた》しました。

武満は、のどから手が出るほど欲しいお金がへそくりだったことに、なぜか無性に腹が立ち、そのお金を窓から投げ捨ててしまいました。窓の下にはドブ川が流れていて、浅香はそのドブ川に飛び込み、なけなしのへそくりを拾いました。

当時ふたりが住んでいたあたりには、NHK交響楽団の人たちが多く住み、N響村と呼ばれるほどでした。とくに隣《となり》に住むファゴット奏者とは仲がよく、「タケミッちゃん、ご飯できたよ」と声がかけられることもよくありました。

そして仕事でも、徐々にＮＨＫラジオから声がかかるようになっていきました。そこには、武満の先生のひとりである、早坂文雄からの力添《ぞ》えがありました。ＮＨＫからの仕事を数多く受けていた早坂は、「若くていい人がいるから」と、自分の仕事の一部が武満にまわるようにＮＨＫに推薦《すいせん》してくれたのです。

映画音楽も数多く手がけていた早坂は、その頃黒澤明《くろさわあきら》監督《かんとく》作品『七人の侍《さむらい》』の音楽を担当していました。武満は、早坂のアシスタントとして『七人の侍』の音楽制作現場を経験しました。このことは、のちの武満にとって大きな財産になります。

まわりの人たちに助けられながら、ふたりの生活は始まりました。

しかし、武満が、貧乏《びんぼう》暮らしと、完治しないまま退院してしまった結核の心配から解放されるには、まだ時間が必要でした。

届けられたピアノ

実験工房のメンバーは仕事以外でも仲が良く、お互いの家を訪ねあう間柄《あいだがら》でした。

新婚の武満の新居にも、毎日のように人が集まりました。

新しい芸術を作ろうという熱い気持ちを持った若いメンバーが集まれば、話は当然熱くなっていきます。とくに、古いものや古い価値に対しては、みんな批判的でした。それまでの、既存《きそん》の価値観には全部逆らってやろうと思っていたのです。そこにはやはり、戦争の影響がありました。

価値感や、教育、音楽をはじめとする文化も、戦争はすべてを利用してしまいました。音楽は、娯楽《ごらく》として聴くものでも、心を慰《なぐさ》めるものでもなく、戦意を高揚《こうよう》させるためのものでしかありませんでした。

そういった状況のあとでは、戦前の価値、つまり既存の価値観は、武満にとって、また同世代の、同じような体験をしてきた実験工房のメンバーにとっても、否定するしかないものでした。あるコンサートをメンバー同士で聴きに行き、演奏された曲に新しさがなく、既存の価値をなぞったような、つまらない音楽だと感じた武満は、曲が終わったとたんに、はいていた下駄《げた》を、ブーイングをするようにガタガタと踏《ふ》み鳴らしました。

そんなある日、武満は、作曲家の芥川也寸志《あくたがわやすし》と知り合いになりました。芥川の妻は画家で、実験工房を通じて武満と交流がありました。彼女《かのじょ》のアトリエに遊びに行くと、ときどき芥川の姿があり、言葉を交《か》わすようになったのです。芥川也寸志は、小説家芥川龍之介《りゅうのすけ》の三男で、後年には『八つ墓村《はか》』『八甲田山《はっこうださん》』といった映画の音楽も手がけています。

当時、芥川也寸志は、同じく作曲家の黛敏郎《まゆずみとしろう》、團伊玖磨《だんいくま》とともに「三人の会」を結成し、コンサートや映画やラジオなどで幅広く活躍する音楽界のスターで、武満にとって足元にも及《およ》ばない存在でした。

それでも、生意気で怖《こわ》いもの知らずの武満は、芥川と音楽議論を戦わせ、他人の作品の批判をしました。そんな武満に、芥川はこんな言葉をかけました。

「武満君、理屈《りくつ》をこねてる暇《ひま》があったら、それよりも一曲でも多く曲を書くことが大事なんだよ」

武満には返す言葉もありません。それでもまだ生意気な武満は、その言葉にカチンときていました。芥川の言葉は、武満にとって発奮《はっぷん》材料になったのです。

結婚して数か月がたったある日、思いがけないできごとがありました。武満の家に、突然《とつぜん》ピアノが届《とど》けられたのです。武満は、運送屋にどういうことかとたずねました。

「黛さんという方からのお届けものです」

そう言われた武満は、心から驚きました。

実は、以前にあったピアノは、借り賃を支払うことができずに、返却してしまっていました。ピアノのない生活に逆戻りしたことで、武満はとてもつらい思いをしていました。

そんなとき、何の面識も無い、「三人の会」で活躍する黛敏郎から突然ピアノが届けられたのです。武満は信じられない気持ちがしました。知人に事情を聞いてみると、そこにはひとつのきっかけがありました。芥川也寸志が、黛敏郎にこんな話をしていたのです。

「武満徹っていう、ちょっと面白い若い作曲家がいるんだけど、貧乏していて、ピアノもないんだよ」

黛敏郎は、音楽学校時代、家にピアノがなく、他人のピアノを借りて歩いて勉強をしなければならなかった経験があり、武満の境遇《きょうぐう》が他人事《ひとごと》とは思えなかったのです。

後日、武満は少し戸惑《とまど》いながら、黛の家を訪ねました。本当にピアノをもらっていいのかどうか、まだ信じられなかったのです。当時、女優と結婚したばかりの黛の家には二台のピアノがありました。そのひとつが、武満に届けられたものでした。

「女房《にょうぼう》のピアノなんです。うちに二台もピアノがあっても仕方がないので、よかったら使ってください」

黛はそう言いました。

妻浅香とともに。ピアノは武満にとってかけがえのないものだった。

そして、武満と黛敏郎の交流が始まりました。

黛は、仕事もお金もなく苦労している武満を何かと気にかけました。自分が請《う》け負った映画音楽のアシスタントを彼《かれ》に依頼《いらい》するなど、生活費の足しになるような配慮《はいりょ》をしました。

黛の映画音楽のアシスタント経験を、武満は妻の浅香にこんなふうに語っています。自分が苦労して楽譜を書いていると、隣の部屋から「シュッ、シュッ」という音が聞こえてくる。

それは、黛が五線譜に鉛筆《えんぴつ》を走らせている音だ。迷《まよ》いなく次々と音符を書き入れている様子がその音からわかるのだ……。

「すごいなー、僕なんかに頼《たの》まなくても、黛さんは自分でやればすぐに作曲できちゃうのに」

芥川也寸志、黛敏郎、実験工房の仲間たち、たくさんの人に支えられながら、武満は成長していきました。

武満はのちにこう語っています。

　或る朝、なんの前触れもなしに一台のスピネットピアノが私たちの家に運ばれて来た。それが、未《ま》だ面識のない黛敏郎氏から送られて来たものだと知ったときに、私は音楽という仕事の正体に一歩ちかづいたように直感した。もういい加減の仕事をしてはならないのだと思った。

（『武満徹　エッセイ選』）

スピネットピアノとは、小型のピアノという意味合いです。それでも武満の小さな新居には、大きく、不釣合《ふつりあ》いに映りました。そして武満はそのピアノを前に「いい加減な仕事はできない」と、思いを新たにしました。

弦楽のためのレクイエム

結婚から一年がたった一九五五年、もうすぐ二十五歳になる頃、完治しないままの結核が、武満を弱らせていきました。無理を言って退院した影響があらわれたのです。

黛敏郎（1929-97）。日本のクラシック音楽、現代音楽を代表する作曲家のひとり。映画やテレビの音楽なども数多く手がけ、またテレビ番組「題名のない音楽会」では司会者をつとめた。（Kodansha／アフロ）

この頃実験工房の演奏会のために準備していた作品も、体調がすぐれないため、完成させることができずに終わってしまいました。

同年一〇月、武満と浅香は鎌倉《かまくら》へ引越《ひっこ》しました。結核の療養《りょうよう》のためには少しでも空気のいいところへ住んだほうがいいというアドバイスを受け、東京を離《はな》れ、海に近い鎌倉の町で生活を始めたのです。

結核の症状は重く、ときには、箸《はし》を持ち上げる力もなくなり、おかゆをひとさじ、ひとさじ、口に運んでもらうほどにまで、体調は悪化していきました。

そんなある日、武満のもとに、悲しい知らせが届きました、恩師でもある早坂文雄が亡《な》くなったのです。死因は、結核でした。武満は深く悲しみ、そして「自分もあまり長く生きられないだろう」と思いました。

武満は悲しみを振《ふ》り払い、病気の体に無理をいわせ、仕事に打ち込みました。『炎《ほのお》』というラジオドラマの制作では、スタジオにこもり、何日も徹夜を重ね、一か月も家をあけるほどでした。心配した浅香は、武満の様子を見にときどきスタジオを訪ねました。

黛敏郎の映画音楽のアシスタントも続いていました。黛は当時、松竹《しょうちく》映画の音楽を多く手がけていました。松竹映画は大船《おおふな》に撮影所《さつえいじょ》があり、武満は、鎌倉の家からも近い松竹大船撮影所へ通うようになりました。

撮影所での武満の仕事は、徐々に映画監督の信頼《しんらい》を得ていきます。さらに黛敏郎の強力な推薦もあり、アシスタントという立場から、今度は自ら映画音楽を作る仕事ができるようになっていきました。

一九五六年、当時話題になった映画、石原慎太郎《いしはらしんたろう》原作、弟の石原裕次郎《ゆうじろう》が主演した『狂《くる》った果実』で、佐藤勝《さとうまさる》とともに音楽を担当した武満の名前が、はじめてスクリーンに映し出されました。

当時武満は、年間三百本の映画を見ていました。鎌倉に五館あった映画館の上映作品が変わるたび、必ずどんな映画でも見に行きました。映画音楽は大事な仕事になっていましたが、もともと映画が大好きだったのです。家賃の支払いに困ったときでも、質屋に行ってまで映画代を作りました。「まんが祭り」のような子供向けの映画でも、武満は映画館に足を運びました。

この頃、武満はコンサート用の曲を発表しておらず、ラジオドラマ、映画、ミュージック・コンクリートによる作品を作っています。思うようにならない体が、仕事にも制限を与えていたのです。それでも、ラジオドラマや映画の仕事が、武満の音楽の表現の幅を大きく広げていきました。

鎌倉での暮らしが一年たち、二年たち、その間、武満の体調は一進一退を繰り返しました。また、浅香も同じ結核を抱え、ふたりが同時に寝込んでしまうこともありました。

体調が良いときには、たくさんの友人が泊《とま》りがけでやって来ました。みんなで海岸を散歩し、鎌倉から江《え》ノ島へ足を伸《の》ばして射的をして遊ぶなど、病気の苦しさの中でも、鎌倉での生活を楽しんでいました。

そんなある日、武満に大きな仕事が舞《ま》い込みました。東京交響楽団から依頼《いらい》を受け、オーケストラ作品を作曲することになったのです。

病気のため思うようにならない体と、自分はあまり長くは生きられないかもしれないという思い、つまり、自らの死も意識して書かれたその曲の題名は、『弦楽《げんがく》のためのレクイエム』というものでした。

レクイエムとは、鎮魂曲《ちんこんきょく》、つまり死者の魂《たましい》をなぐさめる音楽という意味です。この曲は、亡くなった早坂文雄に捧《ささ》げる曲でもあったのです。ヴァイオリン、チェロ、コントラバスといった、弦楽器で演奏されるその曲は、魂や命というものの、静けさと、激しさを感じさせる曲でした。

『弦楽のためのレクイエム』は、武満が丹精《たんせい》を込めて書いた曲でした。しかし、高い評価を受けることはなく、それどころか、ほとんど批評もされないままに時が過ぎていきました。

『弦楽のためのレクイエム』が書かれた翌年の一九五八年、この頃から武満の体調はようやく回復の兆《きざ》しを見せはじめます。

病から解放されるのと歩調を合わせるように、少しずつ、作品が評価されはじめていきました。同年、ミュージック・コンクレートで作られた『ヴォーカリズムA・I』という作品がアメリカの演奏会で取り上げられ、大きな反響を呼びます。オーケストラ作品でも、『ソン・カリグラフィI』が第二回現代音楽祭作曲コンクールで一位に選ばれるなど、国内での評価も高まっていきました。

そして一九五九年、二十九歳の武満にある出来事が起きました。

演奏会のために来日していた作曲家ストラヴィンスキーが、『弦楽のためのレクイエム』を絶賛したのです。

ストラヴィンスキーは、二〇世紀最高の傑作のひとつともいわれるバレエ曲『春の祭典』などを作曲し、音楽界に大きな影響を与《あた》えた人物です。

彼はある日、日本の作曲家たちの作品を知るために、技術者が扱《あつか》うオープンリールの録音テープを聴いていました。あまり関心を引くものがないらしく、次々に曲を飛ばしていましたが、武満の曲がかかったところで、それを飛ばそうとした係の手を止め、そして最後までその『弦楽のためのレクイエム』に熱心に耳を傾《かたむ》けたのでした。

感動したストラヴィンスキーは、武満夫妻をパーティーに招待しました。そして緊《きん》張《ちょう》する武満と握手《あくしゅ》を交わしました。

ストラヴィンスキーは『弦楽のためのレクイエム』についてこう語っています。


この音楽はじつにきびしい、全くきびしい。このようなきびしい音楽が、あんなひどく小柄な男から生まれるとは……

（『武満徹　自らを語る』）

きびしいとは、何物も入る余地のない、厳格に作られた作品であるといった意味合いでしょう。アメリカに帰国したストラヴィンスキーは、『弦楽のためのレクイエム』を各所で紹介しました。そして曲はさまざまなコンサートで、少しずつ演奏されていきました。

日本国内においても、翌年の一九六〇年、第一回東京現代音楽祭で演奏され、ドイツ大使賞を受賞するなど、曲の評価は高まっていきました。

ストラヴィンスキーの絶賛をきっかけに、『弦楽のためのレクイエム』は、まず外

イーゴリ・ストラヴィンスキー（1882-1971）。ロシア出身の作曲家、ピアニスト。バレエ音楽『火の鳥』『ペトルーシュカ』『春の祭典』などで有名。ロシア革命の影響でスイスに移住し、さらにナチスドイツから逃れるためにアメリカに亡命する。

国で評価され、演奏される機会に恵《めぐ》まれました。そして、武満徹の名前は、日本を代表する、現代音楽の作曲家として、少しずつ世界に知られていきました。

第四章　世界の武満《たけみつ》

映画の日々

一九六〇（昭和三五）年、武満は五年間住んだ鎌倉《かまくら》を離《はな》れ、東京で生活を始めます。この頃、新しく開発された治療《ちりょう》薬が効果をあらわし、結核《けっかく》は影《かげ》を潜《ひそ》めました。ようやく長い苦しみから解放されたのです。そして、三十代になった武満は、精力的に活動し、次々と作品を発表していきました。

中でも映画音楽は、彼《かれ》にとって大切な仕事でした。昭和三十年代は、テレビが家庭に普及《ふきゅう》する前の、日本映画の全盛期でした。一九六〇年の映画の観客数は十億人を超《こ》え、全国に七千館以上の映画館があり、大手映画会社六社で、五四七本の映画が製作されました。

武満は、一九六四年に年間十本もの映画音楽を作っています。斬新《ざんしん》な手法で作られる彼の音楽は、さまざまな映画監督《かんとく》から求められるものになっていました。

黒澤明《くろさわあきら》、市川崑《いちかわこん》、大島渚《おおしまなぎさ》、篠田正浩《しのだまさひろ》、勅使河原宏《てしがわらひろし》、小林正樹《こばやしまさき》など、戦後の日本を代表する映画監督と、武満は仕事をともにしました。一九六二年には、『もず』『不良少年』で、毎日映画コンクール音楽部門賞を受賞したのをはじめ、その後も数々の映画音楽賞を受賞しています。

映画音楽も武満の大切な活動の場だった。黒澤明、岩城宏之（指揮者）とともに。

武満は映画に関わる際に、テーマ曲などを作るのはもちろん、効果音を作るのも自分の仕事だと考えていました。武満はミュージック・コンクレートをはじめとするさまざまな手法や、さまざまな楽器を用いて、それまでにない映画音楽を作っています。

篠田正浩監督の『乾《かわ》いた花』では、花札をしているシーンでタップダンスをする音が流れ、またヴァイオリンなどの弦《げん》楽器を、弾《ひ》かずに叩《たた》くなど、通常とは違《ちが》う奏法で用い、思いがけないシーンに思いがけない音が使われ、映像を際立《きわだ》たせています。同じく篠田監督作品『心中《しんじゅう》天《てんの》網島《あみじま》』では、日本の時代劇であるにもかかわらず、アフリカの民族音楽や、インドネシアの民族音楽「ガムラン」を用い、見るものを驚《おどろ》かせました。

勅使河原宏監督の『おとし穴』では、プリペアド・ピアノとチェンバロを使っています。プリペアド・ピアノとは、ピアノの弦に、消しゴムや、ねじ、フェルトなどを入れたものです。入れるものによって音が変わり、演奏者にもどんな音が出るか弾いてみるまでわかりません。自分の思い通りにはならないプリペアド・ピアノの音色《ねいろ》は、音は生き物だと教えているようでした。チェンバロは、ハープシコードとも呼ばれる、ピアノが普及する前の時代の鍵盤《けんばん》楽器です。

他にも、リュートという中世からバロックのヨーロッパで使われていた琵琶《びわ》のような古楽器や、ギター、マンドリン、バンジョー、また、オーケストラの音をミュージック・コンクレートの手法で変調させたものなど、さまざまな楽器を、武満は映画音楽で使っています。

電話の会話までも効果音として映画に生かし、ジャズや、歌なども積極的に取り入れました。

また、名前も知らない民族楽器や創作楽器も映画に用いました。演奏者がどう使えばいいかわからず戸惑《とまど》っていると、武満から「自分が思う音を出してみてください」と言われ、楽譜《がくふ》もないまま即興《そっきょう》で演奏しました。武満の作る映画音楽は、今までとは全く違った音作りで、観客や演奏者や映画関係者を驚かせました。

武満は、ラッシュという、編集されたばかりの、音楽の入っていない映画の映像を見ると音が聞こえると言っていました。また、映画音楽を書くことは、映画から音を抜《ぬ》く作業だとも言っています。

音を抜くとは、映画音楽はきらびやかでドラマチックなものがすべてではなく、ときには効果音もいらない、不必要な音楽はつけないということであり、また、音が聞こえるということは、映像を見ていると、その場面に本当に必要な音がすぐにイメージされるということでしょう。

また武満は、映画の仕事では必ずといってよいほど、他の若い作曲家や演奏家と仕事を一緒《いっしょ》にしました。早坂文雄《はやさかふみお》や黛敏郎《まゆずみとしろう》など、自分に映画音楽の現場を経験させてくれた人たちへの恩返しのように、自分自身もまた、若い音楽家に対して同じように接していたのです。

篠田正浩は、そんな武満の姿を見てこう語っています。

「自分が全部独占《どくせん》してもいいにも関わらず必ず新人を使う、そしてまだ知らない新人と仕事をすることはドキドキすることだった」と。

新人だけでなく、映画そのものが、たくさんの人が関わる仕事、つまり人と人とのアンサンブルであり、また映像と音楽のアンサンブルです。

たくさんの人と関わる映画という仕事は、武満にとって、とても大切なものでした。

また、ひとりの映画監督との仕事、ひとつの映画のシーンが、武満にとって、新しい音楽を生み出す、ひとつのきっかけになっていました。

図形楽譜

数々の映画音楽を作ると同時に、数々のオーケストラや器楽の作品も作っています。

中でも特徴的《とくちょう》なのは、一九六一年に発表された『リング』や、翌一九六二年の『ピアニストのためのコロナ』『弦楽器のためのコロナⅡ』などで用いられた、図形楽譜で書かれた作品です。

図形楽譜というのは、通常の楽譜である五線譜を使わず、文字通り円などの図形に、記号や、さまざまな色を重ねるなどして書かれた楽譜です。それは、音楽の中に偶然《ぐうぜん》性や不確実性といったものを持ち込《こ》む、実験的な新しい音楽の表現手段でした。

五線譜に音符や音楽記号が書かれていれば、演奏者は当然その音を演奏します。しかし図形楽譜には、明確なドレミといった音符はありません。そのかわりに、たとえば「円の中心から外側に向けて音は高くなる」といった指示が書いてあります。それをどのように演奏するのかは、演奏者に任されます。つまり演奏者によって曲は変わっていきます。

それは、ただ実験的な音楽ということだけではありません。演奏者が、そのときその場で生み出していく音楽は、武満にとって、五線譜に固定されない、音の本来の生命を感じさせるものでした。

図形楽譜に代表されるように、武満の音楽表現の幅《はば》広さは、この頃《ころ》にピークを迎《むか》えます。

一九六一年には、図形楽譜による作品をはじめ、ピアノ曲、オーケストラ曲、器楽曲、ミュージック・コンクレートによる作品、ジャズ、映画音楽など、それまで武満が行ってきたすべてのジャンルの作品が書かれました。同時に、劇団四季や文学座などの演劇、ラジオやテレビの仕事などでも数多くの音楽を作っています。一九六二年には、ラジオドラマ『ガン・キング』という子供番組も手がけ、主題歌の作詞もしています。

そして一九六五年、ピアノとオーケストラの作品『テクスチュアズ』で、パリで開かれた国際現代作曲家会議の、最優秀作品賞を受賞しました。それは、当時もっとも権威《けんい》のある賞のひとつでした。武満徹《とおる》の音楽は世界的に認められたのです。

病との闘《たたか》いだった二十代が終わり、三十代になった武満は、実りのときを迎えていました。そしてさらなるステップを踏《ふ》み出していきます。

新たな出会い

次々とさまざまな作品を発表していたこの頃、武満に新たな出会いがありました。

ある日、文楽《ぶんらく》の義太夫《ぎだゆう》を耳にした武満は、その三味線《しゃみせん》の音に衝撃《しょうげき》を受けたのです。

文楽とは江戸時代初期にさかのぼる歴史を持つ人形芝居《しばい》で、日本の伝統芸能のひとつです。義太夫とは文楽の芝居の中で太夫という歌い手によって、歌い語られる曲のことです。太夫の歌と語りを伴奏《ばんそう》するのが三味線です。

文楽の舞台。人形浄瑠璃ともよばれる日本の伝統芸能のひとつ。（Fujifotos／アフロ）

その三味線の奏《かな》でる音の激しさに、武満は感動しました。それは武満にとって日本の楽器、つまり邦楽器《ほうがっき》の発見でした。

偶々《たまたま》耳にした文楽の義太夫、殊《こと》に太棹《ふとざお》の韻《いん》律《りつ》の激しさは、西洋楽器とは別の音楽世界を私に知らせたのだった。一丁の太棹三味線が現前する世界は、百もの異なった楽器が織り成す西洋オーケストラの音響《おんきょう》世界に較《くら》べて劣《おと》るものではなく、むしろ充実《じゅうじつ》したものに（私には）感じられた。

（『武満徹　エッセイ選』）

また武満は、別の機会に、同じく伝統的な邦楽器である琵琶の演奏を聴《き》きました。琵琶の音色も、三味線と同じように、彼を感動させました。そして琵琶奏者に弟子《でし》入りするような形で、自ら琵琶を習いはじめました。

それは武満にとって大きな変化でした。

それまでの武満にとって、日本の伝統的なものは、すべて否定するべきものでした。戦争と、それに続く戦後の数々の体験が、彼をそうさせていたのです。敗戦によって、根底から変わってしまった価値観から見れば、過去の日本の伝統的なものは、すべて間違《まちが》ったものだったと感じられたのです。

そして戦後十年が過ぎ、邦楽器の素晴《すば》らしさに出会った武満は、日本の文化的伝統の尊さに気づき、ひとりの日本人作曲家として、邦楽器というものの存在が避《さ》けることのできない課題だと思うようになっていきました。

武満は、琵琶や他の邦楽器を自らの曲の中に取り入れ、さまざまな形の作品を作っていきます。

一九六二年に公開された時代劇映画『切腹』では、琵琶を、フルート、コントラバス、チェロといった西洋楽器とともに使用しています。同じく時代劇映画の『暗殺』『怪談《かいだん》』では、琵琶に加え、尺八《しゃくはち》、胡弓《こきゅう》という楽器が使われました。

映画の中で効果的に使われる邦楽器の音に、観客は新鮮な驚きを感じました。それまで邦楽器が映画音楽に使われることは、ほとんど無いことでした。しかし武満は、時代劇に邦楽器が使われるのは当然で、むしろ西洋のオーケストラのほうが実は不自然なのではないかと思っていたのです。

映画で実際に奏でられた邦楽器の音は、古臭《くさ》さを感じさせない、新鮮な驚きを見るものに与《あた》えました。武満は他にも、一九六六年のＮＨＫ大河ドラマ『源義経《みなもとのよしつね》』で、琵琶とともに、雅楽《ががく》で用いられる、笙《しょう》や篳篥《ひちりき》といった楽器を使っています。

そして一九六六年に、琵琶と尺八のための曲、『エクリプス』が発表されます。

それまで、琵琶と尺八という楽器は、伝統的な日本の音楽の世界でもそれぞれ別個のジャンルのものとして考えられ、決して一緒に演奏されることはありませんでした。

それが同じ舞台《ぶたい》に上がり、ひとつの曲を作り上げたのです。

それは、琵琶と尺八それぞれの演奏者もまた、ひとつの理想の音や伝統楽器の新たなあり方を求めて、武満とともに研究し練習を重ねて作り上げた曲でした。

図形楽譜によって演奏される『エクリプス』は、武満にとってはもちろん、邦楽器にとっても、それを聴く者にとっても、ひとつの新しい形の音楽の発見でした。

ニューヨークからの依頼

琵琶と尺八という邦楽器のための曲『エクリプス』は、武満をさらなる大きな舞台へと導くことになります。

その頃アメリカの名門オーケストラ、ニューヨーク・フィルハーモニックでは、一九六七年の創立一二五周年を迎えるにあたって、記念演奏会を行うために、世界各国の作曲家に作品を依頼していました。

当初日本からは、実績もあり、知名度も高い黛敏郎が選ばれていました。しかし、ある人物が日本を代表する作曲家として、武満徹を強く推薦《すいせん》したのです。のちにウィーン国立歌劇場総監督を務めるなど、世界的な指揮者となる小澤征爾《おざわせいじ》です。彼は、当時ニューヨーク・フィルに副指揮者として在籍していました。

当時、ニューヨーク・フィルの音楽監督を務めていたのは、レナード・バーンスタインという、音楽界の重鎮《じゅうちん》でした。バーンスタインは、指揮者として活躍《かつやく》する一方で、作曲家としても、ミュージカル作品であり映画化もされた『ウェスト・サイド物語』などの代表作を持つ人物です。

小澤は、バーンスタインのもとに『弦楽《げんがく》のためのレクイエム』の楽譜を持って訪《おとず》れ、

小澤征爾（1935-）。日本を代表する世界的指揮者のひとり。欧米の主要オーケストラを指揮する一方で、国内でも「セイジ・オザワ松本フェスティバル」を開催するなど精力的に活動。武満とは家族ぐるみの付き合いで、彼の曲も多く演奏している。（アフロ）

「私は武満徹がいいと思う」と直談判しました。翌日、バーンスタインからの返事は「セイジ、お前の意見が正しい」というものでした。

日本に帰国した小澤は、すぐに武満のもとを訪ね、ニューヨーク・フィルからの作曲依頼を伝えました。すると、武満は「今晩コンサートがあるからどうしても来てくれ」と、小澤に言いました。

その夜、コンサートで演奏されたのは、琵琶と尺八のための『エクリプス』でした。小澤は『エクリプス』に驚き、そして非常に感動しました。それまでに聴いたことのない音楽だったのです。そして、ある手ごたえを感じていました。

ニューヨークに戻《もど》る小澤の荷物には、バーンスタインに聴かせるための『エクリプス』の録音テープが入っていました。

それからしばらくたったある日、小澤は武満に電話でこう伝えました。

「ニューヨーク・フィルから正式に作曲の依頼をしたい。琵琶と尺八とオーケストラのための曲を書いてみないか」

武満は、とてもじゃないが、それは無理だと思いました。

邦楽器とオーケストラはあまりに性質が異なるものです。これまで邦楽器を使った作曲にも取り組んできた武満ですが、邦楽器とオーケストラを組み合わせて、ひとつの曲にまとめるのは非常に困難であると分かっていました。

武満はその依頼を断わることにしました。

するとニューヨーク・フィルから、こんな返事がきました。

「それならば邦楽器を使わなくていい。普通のオーケストラ曲を書いてほしい」

そう言われた武満は、何か釈然《しゃくぜん》としないものを感じました。

「邦楽器とオーケストラの曲を作るという依頼だったのに、話が違うじゃないか、そんな簡単に要望が変わるようなことで作曲を頼《たの》んできたのか」

武満は反発する気持ちもあって、考えに考えを重ね、そしてやはり、琵琶と尺八とオーケストラのための曲を作ることに決めます。

それを作ることは無理矢理なことなのかも知れない。しかし一度やろうと決めた以上、自分の生涯《しょうがい》の仕事として追求したい。そう思ったのです。

日本と西洋と

琵琶と尺八という日本の楽器と、西洋の文化であるオーケストラと組み合わせること、つまり、武満が目指したのは、日本と西洋が音楽としてひとつに融合《ゆうごう》する作品でした。しかしそれは、考えれば考えるほど、行き詰《づ》まっていきました。邦楽器と西洋の楽器の本質的な違いは、あまりにも大きすぎたのです。

西洋の楽器では、それがたとえばピアノであれば、ドという音を弾けばドという音が出ます。そしてドという音に意味はありません。その音を使い作曲家や演奏者がメロディーやハーモニーを作り、ひとつの音楽作品ができていきます。

しかし、邦楽器の尺八の場合では、たったひとつの音が「自然の森羅万象《しんらばんしょう》をすべて表現する」というのです。たとえば、尺八が理想とする音のひとつに、「竹やぶを吹き抜《ぬ》ける風の音そのものになること」があります。それは、自然の森羅万象とひとつになることです。そのために演奏者は練習を重ねていました。

あまりにも違うそのふたつのありかたに、武満は何度も作曲を断念しそうになりました。ふたつを融合させること、それは不可能なことそのものでした。何度も行き詰まり、ふたつの文化の間で格闘《かくとう》し、そして武満は、ふたつのものを融合させるという考えを捨てました。

違いは違いのままで、ひとつの曲にすることを決意したのです。ヨーロッパの近代的な音楽と、日本の伝統音楽との間にある、その本質的な違いを、そのまま見つめるような曲を作る。その違いを感じてもらう曲を作ろうと決めました。そのとき武満が求めていたことは、琵琶と尺八を通して自分を表現したいということではなく、また、オーケストラを通して自分の音楽を表現したいことでもありません。日本の伝統音楽が持つ、西洋音楽にはないものを表現すること、それが何よりも重要なことだと考えていました。

邦楽器をオーケストラと対置することが、両方の持つ、歴史や伝統、それぞれの音楽のあり方を知ることにつながる。それを知ることは、ヨーロッパやアメリカの音楽家や聴衆にとって大切なことであり、そしてそれは、武満自身にとっても重要な意味があると感じていたのです。

作品の方向が決まった武満は、曲作りに没頭《ぼっとう》しました。そしてそれは、琵琶と尺八、ふたりの演奏者との共同作業でした。ふたりは武満の仕事場に泊《と》まりこみ、武満のイメージする音を出せるように協力し、練習を重ねました。

武満にとってその曲作りの難しさは、技術的なことではありませんでした。琵琶と尺八のために曲を書くことも、オーケストラのために曲を書くことも、技術的には何も問題はなかったのです。

しかしそれを単純に組み合わせただけでは、ただ目新しい音楽作品として終わってしまう。そう感じていました。

ニューヨーク・フィルが、武満に作曲を依頼した動機にも、一二五周年のお祭りに、琵琶と尺八とオーケストラを組み合わせた曲は異国趣味《しゅみ》で面白いだろうと、そういう部分があるのだろうと、武満は感じていました。

物珍《めずら》しいだけで終わらせるわけにはいかない。

武満は、日本と西洋の間で格闘するように作曲を続けました。

リハーサル

一九六七年三月から始めた作曲は、九月に完成を迎えました。武満はその曲を、一一月のニューヨーク・フィル一二五周年コンサートで演奏されることと、この曲が武満自身にとってもひとつの新しいステップであることから『ノヴェンバー・ステップス』と名付けました。

そして一〇月、武満は、琵琶と尺八、ふたりの演奏者とともに日本を発《た》ちました。まず彼らが向かったのは、カナダのトロントでした。そこには小澤征爾が音楽監督を務めるトロント交響楽団がありました。小澤はトロント響の音楽監督とニューヨーク・フィルの副指揮者とを兼任《けんにん》していたのです。そして小澤は、ニューヨークで行われる『ノヴェンバー・ステップス』の初演で指揮をすることになっていました。

ニューヨークへ直接行かず、トロントに向かった理由は、『ノヴェンバー・ステップス』を演奏するためには、入念な準備が必要だと、武満と小澤が感じていたからです。

オーケストラと琵琶と尺八が、音を合わせひとつの曲を演奏すること、それはお互《たが》いにとってはじめてのことでした。書かれた楽譜をそのまま演奏するだけでは、きっと物珍しい音楽だというだけで終わってしまう。それでは何も伝わらない。邦楽器の音と、その音の意味するものをきちんと伝えるためには、相互《そうご》の理解が必要であり、そのためには練習が必要だと考えていたのです。トロント交響楽団は武満と小澤の考えを理解し、協力を惜《お》しみませんでした。その練習は一か月余りにも及びました。

一一月、武満たちはトロントでの練習を終えニューヨークに向かいました。到着《とうちゃく》したニューヨークはもう冬の気候でかなり寒く、空気がひどく乾燥《かんそう》していました。そして思いもよらない事態が起こりました。

滞在《たいざい》していたホテルに置いてあった尺八のひとつが、空気の乾燥で割れてしまったのです。琵琶も壊《こわ》れそうなほどに乾いてしまい、また、琵琶に弦《げん》を張ると、絹糸《きぬいと》からできている弦が今にも切れてしまいそうな状態でした。

そこで尺八の奏者は、乾燥を防《ふせ》ぐために濡《ぬ》らしたタオルを尺八のケースに入れ、琵琶の奏者はタオルより自然な湿《しめ》り気《け》がいいと、スーパーマーケットでレタスを買い、葉を一枚一枚はがして琵琶のケースに入れるなどの工夫《くふう》をしました。

いよいよ、ニューヨーク・フィルとのリハーサルが始まりました。その直前、琵琶と尺八ふたりの演奏者は、小澤征爾から「何があっても驚いちゃいけないよ」と忠告をされました。

気を引き締《し》め舞台に上がったふたりは、ニューヨーク・フィルのメンバーに紹介され、定位置に着きました。そして、小澤が指揮棒を振《ふ》り、オーケストラが静かに音を鳴らしはじめました。オーケストラに続いて尺八が音を出そうとしたそのとき、会場のベルが鳴り響《ひび》きました。夕方の五時を知らせるベルでした。すると、ニューヨーク・フィルの楽団員たちは、楽器をケースにしまい帰ってしまいました。小澤は少し情けなさそうな顔をして「今日はこれでおしまい」と言いました。

日本から遠路はるばるやってきた演奏者を気にかけることもなく、時間だから帰るのは当然という感覚の違いに、とまどっただけで終わってしまった、リハーサル初日のできごとでした。

翌日からのリハーサルでも、楽団員たちには、まじめに練習をする様子が見られません。そこには、琵琶と尺八という見慣れない楽器と共演することへの、楽団員たちの反発がありました。一般的にオーケストラ楽団は、長い年月のうちに培《つちか》われた自分たちの習慣を壊《こわ》そうとするような音楽作品に対しては、否定的になりがちです。そして、ニューヨーク・フィルは伝統を持つ名門であり、そのプライドは非常に高かったのです。

落ち着かず、ざわついた雰囲気《ふんいき》の中でリハーサルは続けられました。そして、琵琶と尺八がオーケストラをともなわず、それぞれが独奏するパートになりました。そのとたん、聴きなれない楽器の音色に、多くのニューヨーク・フィルの楽団員が笑い出しました。

それを見た武満は、泣き出したいほどのショックを受けました。

そのとき、小澤征爾が、仲間でもあるニューヨーク・フィルの楽団員をにらみつけました。小澤は怒《おこ》っていました。自分自身が馬鹿《ばか》にされ、汚《けが》されたように感じたのです。

小澤の怒《いか》りを感じた楽団員たちは驚き、そして、少し落ち着きを取り戻《もど》しました。

小澤は武満のもとにかけ寄り、ニューヨーク・フィルではこれでもまだましな方で、ひどい作品のときにはみんな帰ってしまうんだと説明しました。そして小澤は、武満の音楽の性質を楽団員に向け熱心に語りかけました。その間、琵琶と尺八ふたりの奏者は、目を閉じ、泰然《たいぜん》と椅子《いす》に座《すわ》っていました。

小澤はオーケストラと琵琶と尺八を合わせる練習をする前に、まず琵琶と尺八のパートだけを演奏し、楽団員に聴かせることにしました。はじめはざわつきながら聴いていた楽団員たちも徐々《じょじょ》に静まり、演奏が終わる頃には耳をすませている様子が武満にわかりました。そして、「ブラボー」という声とともに拍手《はくしゅ》が起こりました。それは心からの拍手だということを武満は感じました。

それからのリハーサルはスムーズに進みました。また、繰《く》り返しリハーサルするたびに、その音は精彩《せいさい》のあるものになっていきました。そこには演奏の技術だけでなく、お互いに対する信頼や尊敬といったものが加わっているようでした。お互いに理解を深め、演奏はさらに豊かなものになっていきました。

リハーサルが終わると、一一月のニューヨークの街を武満はひとりで歩きました。はじめはまったくかみ合わなかった琵琶と尺八とオーケストラが、理解し合って、ひとつの音楽を奏でた。その興奮《こうふん》を確かめるように、武満は歩き続けました。

それは武満徹が踏《ふ》みしめた、一一月のステップでした。

ノヴェンバー・ステップス

一九六七年一一月九日、ニューヨークの総合芸術劇場、リンカーン・センターにおいて開催されたニューヨーク・フィルハーモニック一二五周年記念演奏会で、『ノヴェンバー・ステップス』は初演を迎えました。

オーケストラと琵琶と尺八ふたりの奏者が舞台に上がりました。指揮をするのは小澤征爾です。正装である和服を着た琵琶と尺八の奏者が舞台の一番前で椅子に座り、その後ろでオーケストラの楽団員もそれぞれ所定の位置に座りました。会場は静まり、そして、小澤征爾の指揮棒が振られ、『ノヴェンバー・ステップス』が始まりました。

静かにオーケストラが鳴りはじめ、弦楽器が、一一月の風に吹かれる紅葉した木々のざわめきのような音を奏で、管楽器が少し強い風のように弦楽器に続きます。

そしてオーケストラの奏でる音からは、メロディーが生まれそうになり、しかし、それが風に消されるように、あるいは風が吹き止《や》むように、メロディーは聴こえてはこず、木々の葉、一枚一枚に当たる風の音を、一音一音表すかのようなオーケストラの演奏が続き、やがて静まりました。

オーケストラが静まると、尺八の最初の一音が会場に鳴り渡《わた》りました。続いて琵琶も演奏をはじめ、尺八と琵琶の音だけがしばらく奏でられます。それは、オーケストラとは違う音で、木々を渡る一一月の風や、空気や、自然そのものを感じさせる音でした。

しばらくすると、はじめて、琵琶と尺八とオーケストラの音が重なりました。しかし、オーケストラの音は一瞬《いっしゅん》で止み、また琵琶と尺八の演奏が続きます。そしてまた、オーケストラが一瞬音を出し、琵琶と尺八の音の中を通り過ぎました。それは、何かが出会ったような、あるいは季節の変わり目の風と風が空の中でぶつかったような場面でした。

琵琶と尺八の音が前景にあるときは、オーケストラは引き、オーケストラの音が強まれば、琵琶と尺八が後ろへ隠《かく》れるように演奏は続けられます。風は冷たくなり、美しい湖が徐々に凍《こお》っていくように、季節が移り、一一月のステップを踏むように、曲は続いていきます。

そして、琵琶と尺八とオーケストラそれぞれの音が溶け合うような一瞬が訪れ、すぐに静寂《せいじゃく》がそれに変わりました。曲は終盤《しゅうばん》にさしかかっていました。

静寂の後、琵琶の音が鳴りはじめ、しばらくおいて尺八が続きました。ここから琵琶と尺八の独奏が会場に鳴り響きます。音楽用語ではカデンツァと呼ばれるこの独奏は『ノヴェンバー・ステップス』の大変重要な部分です。

ときに静かに、ときに力強く、琵琶の弦が弾《はじ》かれ、尺八に長い息が吹き込まれます。力強い音の後には余韻《よいん》があり、琵琶の弦が独特の響きでその余韻を聴かせます。それぞれの音が鳴り、そして、鳴り止む瞬間があります。音と音のあいだには「間」があり、その「間」もまた曲の大切な部分です。音の鳴っていない部分でも、音楽は止まらず鳴り続けているのです。

そこには、鳴らされれば次の瞬間には消えていく音というものの性質に関する、大切な何かが表現されています。

約八分間続く琵琶と尺八の独奏はクライマックスを迎えます。琵琶はかき鳴らされ、尺八奏者は強い息を吹き、激しい音が奏でられ、尺八のひと吹き、琵琶の一音が強く鳴り響くと、一瞬の間をおいて、オーケストラが音を出しはじめました。琵琶と尺八とオーケストラはしばらくのあいだ音を重ね、そしてオーケストラは静かに、静かに、その音を消していきます。

そして、琵琶の音が余韻を残し消え、尺八の最後の一音が、短く強く吹かれました。すべての音が消え、舞台には、静寂が残りました。

およそ二十分間の『ノヴェンバー・ステップス』の演奏が終わりました。

演奏の余韻と静寂を破るように、会場に大きな拍手が湧《わ》き起こりました。拍手の中を武満は舞台に上がります。観客は立ち上がり、なおも鳴り止まない拍手が武満に送られました。

武満が挨拶《あいさつ》をし、小澤征爾、琵琶と尺八ふたりの演奏者とともに、舞台を降りていきます。『ノヴェンバー・ステップス』の初演は無事に幕《まく》をおろしました。観客は、いつまでもカーテンコールを送り、『ノヴェンバー・ステップス』を、そして武満徹を讃《たた》えました。

この演奏の成功が、武満徹を「世界のタケミツ」と呼ばれるまでの存在に高めていきました。

ニューヨークでの演奏を終えた武満と小澤と演奏者たちは、カナダのトロントに戻り、トロント交響楽団とともに『ノヴェンバー・ステップス』の録音を行いました。録音されたレコードは、世界中の音楽ファンや評論家を驚かせ、作曲家や演奏者に大きな影響を与えました。

終戦の間際《まぎわ》、ひとりの少年が、たった一曲の歌を聴き、音楽の素晴らしさと美しさを知りました。武満徹という名のその少年は、独学で音楽の道を進み、ひとりの作曲家として、さまざまな音楽を生み出していきました。そして、琵琶と尺八とオーケストラで演奏される『ノヴェンバー・ステップス』で、武満徹の名前は「世界のタケミツ」という、ひとりの偉大《いだい》な音楽家の名前として、世界中に知れ渡っていきました。

世界の「タケミツ」

『ノヴェンバー・ステップス』はその後、世界各国で演奏され反響を呼びました。その曲の神秘的ともいえる印象から、武満徹自身もまた独自の神秘的な作曲家としての印象をともない、その存在と、発表される作品に、ますます注目が集まっていきました。

一九六七年、『ノヴェンバー・ステップス』の同年には、オーケストラ作品の『グリーン』を発表。続く一九六八年には、『アステリズム』『クロス・トーク』。一九六九年の『スタンザ』『ヴァレリア』『クロッシング』。一九七〇年の『四季』『ユーカリプス』など、次々とさまざまな作品を発表し注目を集めます。

四人の打楽器奏者と録音されたテープ音楽で演奏される『四季』では、楽譜に「＋－×↑→」といった記号が用いられています。プラス記号は音の数を増やす、右向きの矢印は左隣《どなり》の演奏者の真似《まね》をするといった意味を持ち、さらには「演奏しながら即興的にしゃべる」「暦《こよみ》や気象に関する短い演説を即興的にする」という指示も楽譜には書かれています。

スチールドラム、シンバル、ゴングなどを、ドラムスティックやゴムべら、ヘアピン、弓、サンドペーパーといった物で叩《たた》きこするなどして演奏される『四季』は、四人の演奏者の感性と、その場で生まれる感覚から演奏される作品です。

一九七一年、四十一歳《さい》になった武満は、フランスで行われた音楽祭、「パリ国際音楽週間・現代音楽の日々」に、音楽祭のテーマ作曲家として招待されました。

武満は、一冊の絵本を基《もと》にした曲『ムナーリ・バイ・ムナーリ』や、オーケストラ曲『冬』などを発表します。さらに音楽祭では、武満のさまざまな作品が演奏され、作曲を担当した映画も上映されるなど、合計三十七の作品が上演されました。

この音楽祭には、武満徹をはじめて世界へ紹介したストラヴィンスキーや、ドイツの高名な現代音楽の作曲家であり、数々の作曲に関する論文を持つ音楽理論家のシュトックハウゼンなどが、武満とともに招待されていました。武満は、自分が影響された作曲家たちと肩《かた》を並《なら》べ、世界的な音楽祭に招待される存在になっていました。

その後も武満はさまざまな形で海外へ招待され、その作品は世界各国で演奏されていきました。

音楽祭に招かれ、音楽賞も受賞しました。アメリカのエール大学では短期間の客員教授を務めています。また、テレビや雑誌などで紹介される機会も増え、武満徹という存在はますます大きくなっていきました。

国内においても演奏会が開催《かいさい》されました。そして数々の曲を、さまざまな形で発表し続けました。

『ノヴェンバー・ステップス』を受けて作曲された、琵琶と尺八とオーケストラのための作品『秋』や、日本の伝統的なオーケストラともいえる雅楽《ががく》のための作品『秋庭歌』。映画音楽は引き続き活発に行われ、舞台のための伴奏や、テレビドラマ、テレビコマーシャル、ドキュメンタリー作品、ビデオ作品など、武満の活動は広がっていきました。

映画では、「世界のクロサワ」とも呼ばれる、黒澤明監督作品の『どですかでん』『乱』の音楽を作曲しています。『どですかでん』では、黒澤の家に何度も招かれるほど意気投合していたふたりでしたが、続く『乱』では、音楽のイメージの食い違いから衝突《しょうとつ》し、最後には武満が「音楽はどう使ってもいいけど、僕《ぼく》の名前は映画から消してください」と言うほど、険悪な関係になってしまいました。「世界のタケミツ」と「世界のクロサワ」の論争は、まわりにいる人たちに冷や汗《あせ》をかかせました。

もうひとつ、武満の活動において欠かせないことのひとつに、プロデューサーとしての武満徹の姿があります。

一九七〇年に開催された大阪万博で、武満は現代音楽祭「今日の音楽」などを企画《きかく》し、音楽プロデューサーの立場を務めました。西洋音楽を解体したといわれる『ピアノ・ソナタ第二番』のピエール・ブーレーズ。建築家でもあり、独自の楽譜を駆使《くし》した作品を持つヤニス・クセナキスなど、戦後の音楽界を代表し、現代音楽に欠かすことのできない作曲家を海外から招待し、シンポジウムや演奏会を開催しました。

これをきっかけに、一九七三年から、渋谷《しぶや》の西武劇場、現在のパルコ劇場で、「ミュージック・トゥデイ　今日の音楽」が始まりました。西武劇場のオープニング記念として行われた「ミュージック・トゥデイ　今日の音楽」は、企画、構成を武満徹が受け持ち、海外からさまざまな作曲家や演奏家を招待し、新しい音楽の動向を伝え、同時に、国内の古典芸能の上演も行い、大きな反響を呼びました。

「ミュージック・トゥデイ　今日の音楽」は、その後も西武セゾングループの全面的な援助を得て毎年開催され、海外から音楽界の重要な作曲家や演奏家を招き、また、日本の若い作曲家の作品を取り上げ、まだ知られていない演奏家にチャンスを与えるなど、大きな役割を持つ音楽イベントとなっていきました。十年目には若い才能を発掘するために、「今日の音楽作曲賞」が設けられました。

武満は、海外で活躍するにつれて、日本国内の状況《じようきよう》や、また自身が作曲すること自体にも、何か閉塞《へいそく》的なものを感じていました。

オーケストラ作品や現代音楽の中心はヨーロッパにあり、日本で活動することは限界がありました。そのため、自らプロデューサーとして活動して若い人たちに発表の場を作り、また武満自身もそこから刺激《しげき》を受けることで、閉塞的な状況から、社会や世界に広がって行くためのきっかけを作ろうとしました。

これはまた、武満が若い頃《ころ》に数々のチャンスを与えてくれた早坂文雄や黛敏郎といった先輩《せんぱい》への恩を忘れないようにという意味もありました。プロデューサーという仕事は、武満にとってとても重要なことだったのです。

「ミュージック・トゥデイ　今日の音楽」は、一九七三年から一九九二年まで、二十年間続きました。それは、プロデューサーとしての武満徹の、大きな功績でした。

タケミツ・デイ

一九八〇年代に入り、五十代になった武満の活動は精力的に続き、海外からも国内からもオーケストラ作品を依頼され、数々の作品を作曲し、武満を特集したコンサートが、次々と開催されました。

その間、さまざまな音楽賞を受賞し、また武満自身が音楽賞の審査員《しんさいん》として海外から招かれるなど、武満は、音楽界に欠かせない存在になっていました。

一九八六年からは、東京のサントリーホールが主催する「国際作曲委嘱《いしょく》シリーズ」のプロデューサーに就任します。

曲を委嘱する、つまり依頼する作曲家を武満が選定しました。また、コンサートの前には、作曲家が自作を語る場を設けるなど、さまざまな企画が行われました。第一回のコンサートでは武満自身も『ジェモー』という曲を発表しています。

一九八九年には「八ヶ岳高原音楽祭」の音楽監督を務めるなど、プロデューサーとしての仕事は幅《はば》広く続けられました。

そして一九九〇年には、武満徹が六十歳を迎えることを記念して、世界各地でさまざまなイベントが開催されました。

五月のスウェーデンの音楽祭に始まり、六月にはイギリスの音楽祭に招待されています。またイギリスでは、リーズ大学とダラム大学から名誉《めいよ》音楽博士号を授与されました。

続く七月には、フランスの音楽祭「アヴィニョン・フェスティバル」に招かれます。主要作品の演奏にはじまり、講演、シンポジウム、武満作品を演奏するコンクールなどが行われました。また、武満自身が音楽講座を開き、そこには、世界二十五か国から百人の音楽学生が集まりました。

十五日間続いた「アヴィニョン・フェスティバル」の間、町には武満の音楽がいつでも流れていました。音楽学生の練習する楽器の音が夜中まで聞こえ、町は武満の音楽一色に染められました。

九月にはオーストラリアで、武満の誕生月である一〇月には、ロンドン、サンフランシスコ、ニューヨークなどで、武満の六十歳を祝うコンサートが「タケミツ・デイ」として開かれました。

国内でも、シリーズで行われたコンサート「この秋、武満徹を聴く」が九月から一二月にかけて開かれています。他にもさまざまな形で、武満を祝うコンサートが、国内外で開催されました。

一九九〇年は、タケミツ・デイが世界各地で催《もよお》された記念の一年になりました。それはまさに、「世界のタケミツ」の一年でした。

第五章　音は環《わ》のようにつらなって

御代田の森

海外での活躍《かつやく》が長く続いた武満《たけみつ》でしたが、ひとつだけ困ったことがありました。海外にいるときは、どうしても作曲ができなかったのです。

はじめての海外渡航《とこう》となったのは、『ノヴェンバー・ステップス』の演奏会のためでした。それに合わせて武満には、アメリカのロックフェラー財団からの援助《えんじょ》を受けて、一年間のアメリカ滞在《たいざい》が予定されていました。

しかし、武満は予定を大幅《おおはば》に切り上げ、四か月で帰国してしまいます。帰路に立ち寄ったフランスのパリでも、同行していた妻の浅香《あさか》に「早く帰ろう、早く日本に帰ろう」と、そればかりを言うほどでした。

自分の部屋《へや》で、自分の机《つくえ》に向かい、自分のピアノを弾《ひ》くことが、そして日本の文化や自然の中にいることが、武満の作曲には、とても重要なことだったのです。

武満は作品の多くを、長野県御代田《みよた》町の山荘《さんそう》で作曲しています。浅間山の麓《ふもと》にある小さな落ち着いた町の、森の中にある山荘は、武満が作曲に集中するための大切な仕事場でした。

映画や舞台《ぶたい》、ラジオ、テレビなど、東京でなければできない仕事もあり、多忙な武満にとって、御代田の森は、オーケストラ作品など大きな仕事に落ち着いて取り組める場所でした。『ノヴェンバー・ステップス』も、この山荘から生まれた作品です。

毎年、気候の良い五月から一〇月にかけて、武満は、時間の許すかぎり、御代田の森の中の山荘で過ごしました。その生活は規則正しいものでした。朝八時頃《ころ》に起き、食事を摂《と》ると、九時頃には、寿司《すし》屋で使うような大きな湯のみ茶碗《ぢゃわん》いっぱいに入れた日本茶を持って仕事部屋に入り、作曲を始めました。机には消しゴムと鉛筆《えんぴつ》が、いつもきれいに並べられていました。お昼を食べ、また部屋に戻《もど》ると、夕方の六、七時頃まで仕事に取り組みました。

晩ご飯のあとは、仕事はせず、のんびりと過ごしました。夏はプロ野球のナイター中継が楽しみでした。武満は大の阪神タイガースファンでした。地域の夏祭りにも参加し、御代田での生活を楽しんでいました。

作曲に疲《つか》れると、森の中を歩きました。木々を渡《わた》る風の音や、鳥の鳴き声など、森から聴《き》こえてくる音は、武満にとって自然が奏《かな》でる音楽であり、作曲に欠かせないインスピレーションを与《あた》えてくれる大切なものでした。

武満には、作曲を始める前に必ず行う儀式《ぎしき》のような習慣がひとつありました。それは、一八世紀ドイツの作曲家、音楽の父とも呼ばれるJ・S・バッハの『マタイ受難曲』の一節をピアノで弾くことでした。そうすることで気持ちが落ち着き、作曲をするための心の準備が整ったのです。

作曲することは、武満にとっていちばん幸せなことでした。芸術家には、頭を抱《かか》え悩《なや》み、いつでも眉間《みけん》にしわを寄せ、家族やまわりにいる人たちを怒鳴《どな》り散らすような人がいるというイメージがあります。

しかし武満は、「作曲は幸せなときじゃないとできない」と言っています。

武満は、作曲をしているときがいちばん機嫌《きげん》が良く、また落ち着いて穏《おだ》やかな精神状態でなければ、作曲ができなかったのです。

御代田の森での落ち着いた暮らしの中から、武満はさまざまな曲を生み出していきました。

さまざまな交流

武満の山荘の近辺には、文学者や芸術家などが住んでいました。そして、お互《たが》いに訪ねあうといった交流がありました。北軽井沢に別荘があった詩人の谷川俊太郎《たにかわしゅんたろう》もそのなかのひとりです。

谷川と武満がはじめて出会ったのは、武満が結核《けっかく》の治療《ちりょう》のために入院していたときでした。谷川は、友人に連れられて武満を見舞《みま》いに訪《おとず》れたのです。

谷川俊太郎作詞、武満徹作曲の作品『ヴォーカリズムA・I』『うたうだけ』『死んだ男の残したものは』など共作も多くあり、武満のコンサートのプログラムに谷川が文章を寄せるなど、ふたりの友人関係は生涯《しょうがい》続きました。

そのほかにも武満には、幅広いジャンルの友人たちがいました。

ノーベル賞作家の大江健三郎《おおえけんざぶろう》との関係も深く、友人として、同時代を生きる芸術家として、信頼《しんらい》し合う仲でした。雑誌や書籍《しょせき》で対談を行い、また、大江の連作小説『「雨の木」を聴く女たち』という作品をもとに、武満は『雨の樹（レイン・ツリー）』という曲を作るなど、お互いに刺激《しげき》を受け合いました。

同じく小説家の安部公房《あべこうぼう》とも親交がありました。安部の小説は「前衛的な作風」とも言われており、「現代音楽」の武満と、その時代を代表する芸術家としての共通点がありました。

毎年暮れには、武満、安部、そしてゲストを招いて、鍋《なべ》を囲む会が行われていました。そこで話される事柄《ことがら》は、人間の未来についてなど、大きなテーマが中心でした。人類や時代に対して、音楽や文学が創造できることは何か。芸術家が果たすべき役割とは何か。そういったことを、あたたかいユーモアを交えつつ、鍋を囲んで夜遅くまで話し合っていました。

テクノポップグループ「ＹＭＯ」や、『ラストエンペラー』などの映画音楽、バルセロナ・オリンピック開会式の音楽を手がけるなど、幅広く活動する音楽家の坂本龍《さかもとりゅう》一《いち》は、学生時代に、武満のコンサート会場で、その音楽の姿勢を批判するビラをまいています。

もともと坂本は、先鋭《せんえい》的な現代音楽家である武満徹の作品が好きでした。それが、『ノヴェンバー・ステップス』などで邦楽器《ほうがっき》を使ったことが、西洋で受けるための安易なやり方だと、坂本には思えたのです。

ある夏の野外コンサートで、坂本が批判のビラをまいていると、武満本人がそのビラを持って、坂本の前に現れました。

「このビラをまいたのは君か」

武満は坂本にそうたずね、自分を批判する坂本に対して、真摯《しんし》な態度で丁寧《ていねい》に対応し、その場で三十分も話をしました。そして、武満は坂本にこう言いました。

「自分は武満教の教祖であり唯一《ゆいいつ》の信者だ」と。

つまり、誰《だれ》のためでもなく、まして、受けるため、売れるために音楽をやっているのではない、自分の信じる音楽をやっているんだ。武満はそう言ったのです。

それから四、五年後、音楽家としてデビューしていた坂本は、新宿のあるバーで、武満と偶然《ぐうぜん》出会いました。

「君はもしかしたら、ビラをまいていたあの学生じゃないか」

武満は坂本にそうたずね、そして、それが坂本龍一だとわかると、どこで耳にしたのか、坂本の作品をほめました。

「いい耳してるね、君」

武満にそう言われ、坂本はとても喜びました。

一度は批判したものの、坂本は武満の音楽を、その後も聴き続けていました。

坂本は武満の音楽について、のちに「武満徹は二〇世紀を代表する作曲家であり、音楽の持つ力強さを感じさせるその作品は、百年後にも残る」と語っています。

その他にも、シンガーソングライターの井上陽水《いのうえようすい》、フォーク歌手の小室等《こむろひとし》、劇団四季の代表でもあった演出家の浅利慶太《あさりけいた》から、世界的な彫刻家《ちょうこくか》のイサム・ノグチや、アメリカのポップアートの先駆者ジャスパー・ジョーンズなど、数々の芸術家たちとの、さまざまな交友関係がありました。

交流のあった友人や知人たちの多くが、武満の印象を、宇宙人のようだと語っています。どこか人とは違《ちが》う雰囲気《ふんいき》を持ち、そして、まわりに影響《えいきょう》を与えるような、何かエネルギーのようなものを武満は持っていると、たくさんの人たちが感じていました。『ノヴェンバー・ステップス』で指揮をしたその後も、数々の武満作品の指揮をとった小澤征爾《おざわせいじ》は、武満徹の人間としての印象を「火星人みたいに思っていた」と言っています。そして、「武満に頼《たの》まれごとをされると断れない、何でもやるっていう気になる」と語っています。

アメリカの日米交流のための団体、ジャパン・ソサエティーの映画部門プロデューサーであったピーター・グリリは、武満を、八〇年代にヒットした映画になぞらえて、そこに登場する宇宙人、E.T.のようだと思っていました。背が低く、細い体で、頭の大きいことも、どこかE.T.を思わせました。

ピーター・グリリが来日したある日、東京の四ツ谷駅で武満と待ち合わせをしました。夕方のひどく混雑した駅で、武満は、探すまでもなくすぐに見つかり、ピーターはそのことを何か不思議に思いました。背が低く、人に埋《う》もれていたのに、武満の姿

『E.T.』(1982年公開)より一場面。スティーブン・スピルバーグ監督・製作のSF映画で、アカデミー賞四部門で受賞するなど、大きな話題になった。(Album/アフロ)

がすぐにわかったのです。小さな武満でしたが、その存在感はまるで「ジャイアント」という感じがしたと、彼は語っています。

どこか神秘的な雰囲気を感じた演奏家も多くいました。特に海外では、武満を尊敬し、特別な存在に思う演奏家も多く、小澤征爾はそれを見て、作曲家と演奏家ではなく、教祖と信者の「武満教」だと言って、武満を冷やかしました。

長年武満のマネージャーを務めた宇野《うの》一朗《いちろう》もまた、武満を宇宙人のようだと思っていました。映画の台本を読むと「音が聴こえてくる」と言っていたことや、絵画や彫刻など、何かを見るとそこから音が聴こえてくるという武満の言葉を、宇野は何度も耳にしています。

また宇野は、武満のひとつの人柄《ひとがら》として、「人の悪口を言わない人でした」と語っています。

宇宙人のようだと言われる武満でしたが、性格の変わったおかしな人間だったというわけではありません。家族を持ち、生活し、友人たちと親しく語り合い、自分の仕事に取り組む。彼《かれ》もまた、そうした普通の日常を過ごしていました。

武満の映画音楽のアシスタントを数多く務めた、作曲家の池辺晋一郎《いけべしんいちろう》は、武満の家を訪《おとず》れた際の思い出を語っています。

池辺は作曲家の家庭というものは、集中するために、雑音もなく静かな環境《かんきょう》だと思っていました。しかし実際は、隣《となり》の部屋からガリガリという音が聞こえ、池辺が何の音だろうと思っていると、それは武満の妻の浅香がうどんの出汁《だし》をとるために鰹節《かつおぶし》を削《けず》っている音でした。そして浅香と武満のこんな会話が、池辺に聞こえてきました。

「ねえ、ガリガリうるさい？」

「そのうるさいって聞くのが、うるさいんだよ」

武満は作曲に取り組んでいる最中でも、妻と会話をし、娘《むすめ》と遊び、電話に対応し、息抜《ぬ》きにビートルズの曲を弾《ひ》くなどしていました。また締《し》め切り間際《まぎわ》でも、焦ることなく、何事もないように振《ふ》る舞《ま》っているのでした。

そうした姿に、池辺は何か感動のようなものをおぼえたと言っています。武満は作曲することについて、「何ほどのこともなく作曲していたい」と語っています。作曲のために、身構え、苦しみ、悩むことが、立派なことではありません。作曲という行為《こうい》をことさらに神聖視することない武満のあり方に、池辺は驚き、感動したのです。

パーソナル・ギフト

当たり前な、ごく自然なあり方は、武満の目指す音楽そのものでした。一九九〇年代、六十歳の還暦《かんれき》を過ぎても、武満は、国内外のオーケストラから依頼を受け、数々の作品を作曲しています。そして、その曲は、以前に較《くら》べて、ハーモニーや旋律《せんりつ》を重視したものが多くなっていました。不協和音などを用いた実験的な音楽から、調和のとれた美しい旋律、美しいメロディーの曲を、武満は作るようになっていました。武満はその頃、旋律と歌の重要性を感じていました。

現代音楽では、感情や思いなどは排除《はいじょ》され、むしろそういったものは音楽にとって邪魔《じゃま》であり、理論的に構築されていれば、メロディーや旋律など無くてもよいといったところがあります。

そうして音楽が進歩するにつれて、自然に口ずさむようなメロディーや歌を失くしていくことに、武満は疑問を感じていました。喜びや悲しみといった、自然に生まれる感情や思いを、誰かに語りかけるような歌が必要だと武満は思っていました。

一九九二（平成四）年、武満は、自らが作詞した『明日ハ晴レカナ、曇《くも》リカナ』という歌を発表しています。

『明日ハ晴レカナ、曇リカナ』

昨日ノ悲シミ
今日ノ涙
明日ハ晴レカナ

曇リカナ
昨日ノ苦シミ
今日ノ悩ミ
明日ハ晴レカナ
曇リカナ

これは映画『乱』の制作中に、楽譜の片すみに書き込んだ曲です。黒澤明《くろさわあきら》監督の様子を天気にたとえ、機嫌《きげん》は直ったかな、まだかな、明日はどうかなと、ユーモアを交えて表現しており、それが親しみやすいメロディーを相俟《あいま》って、印象的な作品となっています。

次第に、武満はひとりの作曲家として、誰《だれ》かひとりの演奏者のため、その演奏家個人のための、贈《おく》り物のような曲を作りたいと思うようになっていました。それは、個人から個人への贈り物のような、つまりパーソナル・ギフトとしての音楽でした。

そのことについて、武満は、こう語っています。

私は委嘱《いしょく》作品はもう書きたくない、自分がよく知っていて信用している演奏家のために、具体的な人のためにしか音楽を書きたくない。

そうすることによって自分は何も心配しなくていい。自分の音楽を愛してくれて、いちばん適切なフィーリングで演奏してくれるから。

（『武満徹を語る15の証言』）

武満は、自分が作曲した作品の、最初のオーケストラのリハーサルには行きたくない、と思っていました。曲に込《こ》めた思いや意味が理解されないまま演奏されるのを見て、がっかりする場合が多かったのです。

楽譜《がくふ》に書いた音符《おんぷ》や記号の意味をきちんと理解し、その音の意味を共有してくれる、そんな演奏家のために作曲をしたいと、武満は思っていたのです。

自分が思い、感じることだけを作品にするのではなく、あるひとりの演奏家を想定し、その演奏家が奏でる音を思いながら、ひとつの音楽を作っていく。自分ひとりだけで作っているのではなく、作曲家と演奏者が、理解しあい、同じ音を感じるような曲を、武満は作りたいと思っていました。


あのフルート奏者は、こんなにもやさしい音を出してくれる。

あのピアノ奏者を思うと、こんな曲が思い浮《う》かんだ。

あのギター奏者なら、きっと素晴《すば》らしい演奏をしてくれるだろう。

パーソナル・ギフトという、贈り物のような音楽は、武満徹がたどりついた、音楽のひとつの形でした。

希望

誰かひとりのために。そんな曲を作りながらも、音楽界に欠かせない重要な人物である武満には、国内外のオーケストラから、数々の作曲の依頼が届《とど》き、「世界のタケミツ」の活躍は続きました。そして、その作品と、功績に対する、さまざまな賞が贈られています。

一九九一年だけでも、東京都民文化栄誉《えいよ》賞、毎日芸術賞、サントリー音楽賞、ユネスコＩＭＣ音楽賞を受賞しています。同年、オーストリアのウィーンで、プロジェクト「１７９１－１８９１－１９９１」という演奏会が開催《かいさい》されました。それは、その百年を代表する作曲家のクラリネットの作品を演奏するというものでした。一七〇〇年代を代表する作曲家としてモーツァルト、同じく一八〇〇年代のブラームス、その名を歴史に残す作曲家と同列に並び、一九〇〇年代を代表する作曲家として武満の作品が演奏されました。

一九九二年、『ノヴェンバー・ステップス』に続いて、ニューヨーク・フィルハーモニックから、創立一五〇周年記念の作品を依頼され、オーケストラとともに、語り手が谷川俊太郎の詩を読み上げる作品、『系図』を作曲。

一九九三年、建設が決まった複合文化施設《しせつ》、東京オペラシティの文化施設顧問《こもん》に就任。同年、ポーランドで行われた「20世紀音楽の巨匠《きょしょう》」、第一回テーマ作曲家に選ばれ、首都ワルシャワで「タケミツ・デイ」が六日間にわたって開催。

一九九四年、オーケストラ作品『ファンタズマ／カントスⅡ』『精霊《せいれい》の庭』。トランペット独奏曲『径《みち》』。アンサンブル曲『鳥が道に降りてきた』など、精力的な作曲活動が続けられます。

そして、一九九五年、武満の作曲は中断します。癌《がん》を宣告され、治療《ちりょう》のために入院することになったのです。

武満は入院中、日記を書いています。

受けた治療や体調の変化、その日の体重、熱、家族や見舞いに来てくれた人への言葉、大ファンの阪神タイガースの勝敗。そして、作曲のアイデアや曲のタイトル案、自分が関わる演奏会について、音楽への思いなど、病床《びょうしょう》で書かれたその日記には、入院生活と、そのとき感じた思いが、飾《かざ》り気のない文章でつづられています。

また、入院中の武満は、スケッチブックに料理のレシピを書いていました。イラストの入ったそのレシピを見てみると、じゃがいもで作る「バレーボール」。若く貧しい頃よく食べたサラダは「貧しい菜」。蓮根《れんこん》（ハス）の酢《す》の物は上から読んでも下から読んでも「酢ばす」。他にも「平凡《へいぼん》なコロッケ」「キャロティンの祭典」など、ユーモアにあふれたタイトルの、五十一種類ものレシピが書かれています。

酢《す》ばす

蓮根《はす》(皮むき)うすく輪ぎりにし、真水にさらす。

a) 鍋に、水(大1)、酢(大3)、砂糖(大3)、塩(小$\frac{2}{3}$)レモン汁(少々)、
を強火でとかす。煮汁$\frac{1}{2}$位まで煮つめる。
(すきとおってくる)

b) 容器に市販の梅びしお(上等)適量いれ、
a)でのばす。余分な煮汁は捨てて、

b)に蓮根をいれて和える。

すゞしげな器で供する。夏の酒のつまみ。

(柚子の皮を擂りおろしてちらすか、しそを絹糸のように細く切って
トッピングしてもいいだろう。)

これもNTV「3分クッキング」による。

癌治療のために投与《とうよ》される抗癌剤《ざい》の副作用で食べ物を見るのもいやになる人が多いなかで、武満は、毎日のように料理のレシピを考えていました。また病院で出される食事も、見舞いの品も、武満はぺろりと食べていました。

病気で体は弱っていても、心は健康であり続け、絶えず作曲という仕事を考え、感じること、考えることをやめない武満の姿が、日記やレシピから見えてきます。

そして武満は、日記やレシピとは別に、こんな文章を入院中に書いています。


ある哲学者《てつがく》が「希望」は終わったと言った。

その哲学者は、言わずもがなのことを口にしてしまった気がする。

ぼくはいかなる場合でもぼくの希望は捨てない。

哲学が見いだした絶対希望を、哲学者が見捨てたとしても。

「希望」は持ちこたえていくことで実体を無限に確実なものにし、終わりはない。

ものごとの真理を思考する哲学者が希望を捨てたとしても、世の中が絶望的な状《じょう》況《きょう》だったとしても、いかなる場合でも自分は希望を捨てない、希望に終わりはないのだ。武満はそう言っています。

また、武満は「希望」と題した文章で、次のように書いています。

私は、たんに、なぐさめや娯楽《ごらく》のためだけに音楽をしているわけではなく、音楽という表現形式を通して、今日私たちが当面している問題を考えようと思っている。そして問題は、政治や、民族や宗教、環境破壊《はかい》など、数かぎりなくある。いま最も必要とされるのは、私たちひとりひとりの生き方が、この地球の運命をいかようにも変えるのだという、人間としての自負と誇《ほこ》りを持つことだろう。そのためにも、私たちは、自分の感性を柔軟《じゅうなん》に、新鮮《しんせん》にそれを保つように努めなければならない。それを可能にするのは、愛だ。

この文章を読む人は、現実性を欠いた芸術家の理想論だと笑うだろう。ただ私は、大それた愛について書いているのではなく、もっと何でもない事柄について語っているつもりだ。

私が作曲するとき、私は、なにも高邁《こうまい》な人類愛に立って作曲しているわけではない。私は、具体的に、私の音楽を聴いてほしいと願う、限られた友人や家族のために作曲し、膨大《ぼうだい》な数の大衆のために作曲しているつもりはない。私はいつも、その限られた、敬愛するひとに向かって音楽で語りかけたいと思っている。その方が、いっそう、真実の感情を表せるからだ。

私は、音楽を通して知り得た友人や仲間、そしその間に育ちつつある友情を深め、それを高めたいと思う。音楽は、そのためには、なんと素晴らしい方法だろう。

そして、本当に親しい人への愛情のこもった音楽を、武満は次のような形でも表現しています。

親しい人が亡《な》くなったとき、その死を悼《いた》んでレクイエムを書きます。自分なりの弔《とむら》いの気持ちを音楽で表現したい。僕は音楽は「祈《いの》り」だと思うんです。「希望」と言ってもいい。

（『武満徹　エッセイ選』）

武満にとって音楽は、祈りであり、希望そのものでした。

武満は入院生活の間にも、音楽監督を務めていた音楽祭に病院から駆けつけ、自らの作品が演奏されるコンサートに立ち会いました。

入院治療は順調に進み、体調も安定した一九九五年一〇月、六か月に及んだ入院生活を終えて退院した武満は、御代田の山荘で静養をしながら、作曲に取り組み、日々を過ごしました。

音は環のようにつらなって

御代田の山荘で静養を続けながら、武満は、ギターのための曲『森のなかで』、フルート独奏曲『エア』を作曲しています。『エア』には空気や大気といった意味の他に、歌や音楽という意味もあります。いずれの曲も、武満の大切にしているものを感じさせる題名がつけられています。

年があけた一九九六年一月、順調に回復していたかのように見えていた武満は、高熱を出し、再び入院することになりました。

検査の結果、癌が肝臓《かんぞう》に転移していることがわかりました。そして、転移した癌は、手術ができない場所にあることを告げられます。

「大丈夫だよ、僕はやるだけやってみる」

武満は、妻の浅香に落ち着いた様子でそう言いました。

入院中の一月二八日、スイスの演奏会で『エア』が初演されました。そして二月に入ると、抗癌剤による治療が始まりました。

二月一八日、東京に大雪が降りました。

その日は、見舞い客も無く、家族にも「雪の予報だから、来なくていいよ」と伝えてありました。窓の外では雪が降り続き、武満はラジオをつけました。ひとりですごす静かな病室に流れてきたのは、作曲をする前に儀式《ぎしき》のようにピアノで弾いていたという、バッハの『マタイ受難曲』でした。

翌二月一九日、武満は、病室を訪れた妻の浅香に、昨日のラジオで『マタイ受難曲』を聴いたことを教えます。そして夕食が運ばれてくると、ベッドから起き上がり、椅子《いす》にきちんと座って、小さなどんぶり一杯《いっぱい》ほどのおかゆを食べました。
翌朝、二月二〇日午前五時頃《ごろ》、武満の容態は急変します。家族が駆《か》けつけると、もう意識がはっきりしていない状態でした。そして、午後一時一五分、武満徹は、亡くなりました。

妻の浅香は、のちに振《ふ》り返ってこう言っています。

あまり考えないようにしていても、どこかで自分の病気の深刻さはもう、そのときわかっていたと思います。私は想像するだけですが、『マタイ受難曲』を聴くことで、もう自然のままに安らかに大いなるものに生命を委《ゆだ》ねる心境になったのではないでしょうか。きっと静かに旅立って行くための道しるべになったような気がしてなりません。私は何か深い恩寵《おんちょう》のようなものを思わずにはおられませんでした。

（『作曲家・武満徹との日々を語る』）

武満の訃報《ふほう》は、国内外で大きく報じられました。告別式には、約二千人が参列し、その死を悼《いた》みました。そして、追悼《ついとう》のための演奏会が、世界各地で行われました。

武満は、代表曲のひとつである『弦楽《げんがく》のためのレクイエム』について、自ら解説をしています。それは、「はじまりもおわりもさだかではない。人間とこの世界をつらぬいている音の河の流れる或《あ》る部分を偶然《ぐうぜん》にとりだしたもの」だと。

武満の作品には、静かに始まり、静かに終わっていくものが多くあります。その静かな終わり方は、またはじめに戻り、いつまでも終わることなく繰り返し演奏されることを予感させます。演奏は終わっても、この世界を貫いている音というものは、いつまでも、終わることなく鳴り響き続けている。武満は、そう感じていたのです。

私にとって世界は音であり、音は私をつらぬいて世界に環のようにつづいている。私は音にたいして積極的な意味づけをする。そうすることで音の中にある自分を確かめてみる。これは私にとって、もっとも現実的なおこないなのだ。形づくるというのではなく、私は世界へつらなりたいと思う。

（『武満徹　著作集1』）

音は、武満を、人々をつらぬき、環のように世界をつないでいる。それは、武満が現実に感じていた思いでした。

そして現在でも、武満徹が遺《のこ》した作品は、音楽と、この世界を愛する人々をつなぐように、世界中で繰り返し演奏され続けているのです。

おわりに

武満徹《たけみつとおる》が六十五年の生涯《しょうがい》を終えたあとには、数多くの、さまざまな作品が遺されました。

オーケストラ曲をはじめに、さまざまな楽器のための器楽曲、合唱曲や歌など声を用いた作品も多くあります。他にも、ミュージック・コンクレート、舞台《ぶたい》音楽、テレビやラジオ、テレビコマーシャルのための作品、子供番組のための曲もありました。中でも映画音楽は、その生涯に九十八本もの作品を作っています。

武満の活動は、音楽だけにとどまりません。名エッセイストとしても知られる武満は、数多くの著作を遺し、また、小説を書くなど、文筆活動の幅《はば》も広いものでした。没後《ぼつご》にも、病床《びょうしょう》で書いた日記とレシピ集が『サイレント・ガーデン　滞院《たいいん》報告・キャロティンの祭典』として一冊の本にまとめられ、他にも、著作集や全集が刊行されています。

また武満は、社会に関心を持ち、積極的に関わってもいます。一九六〇年には、安保闘争《とうそう》と呼ばれる、大きな社会運動が起きました。武満は、谷川俊太郎《たにかわしゅんたろう》、黛敏郎《まゆずみとしろう》、大江《おお》健三郎《えけんざぶろう》、石原慎太郎《いしはらしんたろう》らとともに、「若い日本の会」を結成し、集会を開き、反対声明を出すなど行動しています。

さまざまな社会の問題に対して、音楽は無力であっても、この世界のひとりの人間として、声も上げず、ただ音楽だけをやっていればいいとは、武満には思えなかったのです。

実際に、武満徹の作品を耳にすると、こんな感想を持つかも知れません。

「わからない」

「むずかしい」

「不思議」

しかし、武満の作品の中には、素朴《そぼく》な歌や、ビートルズの曲をアレンジしたものなど、親しみやすい作品もあります。また、武満が作曲を担当した映画を見れば、自然にその音楽に触《ふ》れることができます。

武満徹の作品の数々は、音楽の豊かさとその幅《はば》広さを教えてくれます。耳慣れたJ－POPやロックなどだけが音楽のすべてではなく、また癒《いや》しや安らぎを得るためだけのものではありません。

自然の音、人工の音、この世界に音はいつも満ちています。武満は、まずその音に耳を傾《かたむ》けました。耳慣れたはずの音には、何か不思議な性質があることを武満は感じていました。あらわれては消えていく音というものを注意深く聞けば、それは、何か不思議な、誰《だれ》も知らない、未知なるもののように、聞こえてくるのです。

作曲家の細川俊夫《ほそかわとしお》は、武満が音楽と出会ったときと同じ中学三年生のときに、はじめて武満徹の音楽に出会いました。

それは不思議な音楽だった。それまで知っていたどんな音楽とも違《ちが》っていた。ぼくたちが生きていることの奥に拡《ひろ》がっている世界を暗示しているような音楽だった。ちょうど思春期にさしかかっていたぼくは、自分の内に自分ではコントロールできない力の胎動《たいどう》を感じ始めていた。ぼくの少年時代は、優しい両親と温暖な美しい自然に恵《めぐ》まれた極《きわ》めて幸福なものだった。そうしたぼくが、これから大人になっていき、それまで知らなかった世界に向かい合わねばならない。そうしたまだ知らない暗い流れ、厳しい現実、それを包むやさしさ、そうしたものを呼び起こす音楽であった。『アステリズム』のなかの長いクレッシェンドに恐《おそ》ろしい宇宙的な力を感じた。『ノヴェンバー・ステップス』の尺八の一音に、触れてはいけないものに触れるようなときめきがあった。

（細川俊夫　『武満徹著作集　3』月報）

武満徹の作品を聴くとき、誰も名づけることのできない、未知なる音楽がこの世界にあらわれます。そしてその音楽は、私たちの中にある、まだ知らない思いを呼び覚ますのかも知れません。

巻末エッセイ

武満《たけみつ》ファンだった若造《わかぞう》の恥《は》ずかしい話を聞いてください

大友良英

「武満さん、よかったらオレのバンドでピアノ弾きませんか？」

苦笑する武満さんは、

「わたしは人前ではピアノは弾《ひ》かないんです」

と、丁寧《ていねい》に、でもきっぱり断られたわけだけど、それでも、その日オレは結構しつこく食い下がったと思う。「上手《うま》く弾けるとか、そういうのはどうでもいいですから、武満さんの音を聴《き》いてみたいんです。オレのバンドじゃなくてもいいですから、ソロでいいですからどこかでピアノ弾きませんか？」

初対面だった武満さんとの会話で、一番鮮明《せんめい》に覚えているのは、なぜかこのくだり。なんて失礼なこと言ってるんだ、若造オオトモ！　穴《あな》があったら入りたいとはこのことだ。もっといい話やら、ためになる話も沢山《たくさん》聞いたはずなんだけど、武満さんとお会いしたときのことを思いだそうとすると、いつも真っ先に浮《う》かぶのがこのことで、思いだしただけで、顔が赤くなって、思わず「うわ〜〜」と小声でうめいてしまう。お前は武満さんが人前で演奏しないことくらい知らんかったのかと怒《おこ》られそうだけど、いやいや、いくら駆《か》け出しのアホなオレでも、何よりもノイズやら即興《そつきよう》演奏やら現代音楽なんかに強い興味を持っていて、そんな世界で生きて行こうと決めていた人間だもの、武満さんが人前でピアノを弾かないことくらいはもちろん知っている。でも、武満さんの話を聞いているうちに、氏の演奏を聴いてみたくて仕方なくなったのだ。

武満徹さんにお会いしたのは、後にも先にもたったの一回だけ。一九九三年の後半か九四年の前半ってあたりだったと思う。新宿プリンスホテルのロビーに夜七時の待ち合わせだった。この日はその後、歌舞伎町《かぶきちよう》に繰り出して終電まで一緒《いつしよ》だったから、会っていたのはわずかに数時間ってことになる。たったそれだけで、こんなところに武満さんのことを書くなんて、厚顔無恥《こうがんむち》なのは充分《じゆうぶん》承知しているつもりだけど、でも、武満さんについての文章の依頼《いらい》があれば嬉《うれ》しくもあり、その上、やはり、あのときのことは、わたし自身の人生の中でも本当に大切な出来事ではあったので、書き残してもいいかなとも思った次第。

一九九三〜九四年あたりと書いたのは、九三年秋の東京国際映画祭で大賞をとった田《ティエン》壮《チユアン》壮《チユアン》監督《かんとく》の映画『青い凧《たこ》』を見て、武満さんが連絡をして来たのが直接会う切っ掛《か》けだったからだ。この映画が、わたしが映画の音楽をつくった記念すべき第一作目で、それがいきなりカンヌ映画祭に招待《しょうたい》されたり、各国の映画祭で賞をとったりと話題になったことで、ノイズや即興なんかをやっていたオレが映画音楽家として認知されることになったわけで、これがなかったら、まったく別の人生だったかもしれないし、『あまちゃん』の音楽をやることもなかったかもしれない。

実は遡《さかのぼ》ること、その一年か二年前に、わたしは武満さんに手紙を書いている。三十代になったばかりの頃《ころ》だ。どうやって住所を知ったのか、あるいは人づてに渡《わた》したのかは覚えていないけれど、はっきり覚えているのは、武満さんがプロデュースをしていたフェスティバル「ミュージック・トゥデイ」を見て、その感想を書いたのと同時に、出来ればプログラムの一部でもいいからキュレート（ミュージシャンの人選やら、そのケアやらを）させてもらえないかというような手紙だった。要は武満さんの音楽が大好きであったわたしはですね、現代音楽、あるいは作曲された音楽が中心であった「ミュージック・トゥデイ」に、より即興的なものとか、ノイズ的なものがいっぱい入ってくれれば面白いと勝手に思い込《こ》んで、そんなミュージシャンのことを自分は良く知っているつもりだったので、武満さんもそんなミュージシャンと出会えばいいんじゃないかくらいの、超尊大《ちょう》なことを思ってしまい、キュレートをやらせてくれたら、きっと面白《おもしろ》いもんになるというような手紙を書いたのだ。なんか思いだすだけで冷や汗《あせ》が出てくる。というか、恥《は》ずかしいけど、でも、まあ、方向としては、結局その後、自分がそういうことをやってきているわけだから、自分の原点の発想ではある。ではあるが、やっぱ、そんなことを既《すで》に名もあり力もあるところにお願いするという根性が、情けないというか、まあ、要はそう思うなら武満さんに頼《たの》まんと自分でやったらええ。当時も手紙を出した後にそのことになんとなく気づいて恥ずかしい手紙を出してしまったと後悔《こうかい》したんだけど、幸い武満さんからは返事が来なくてほっとしていたのだ。

ところが、それから一年以上たった頃に、前述の『青い凧』を見た武満さんから葉書が届《とど》いたのだ。そこにはフェスのキュレートのことは書いてなくて、ただ『青い凧』の音楽についての感想が書かれていて……確か、映画や音楽に対する非常に厳《きび》しい視線でつくられた音楽というようなことが書いてあったと思う……その上で、会ってお話を伺《うかが》いたいとも書いてあって、ほっとしたと同時に緊張《きんちょう》、でもやっぱ葉書が来たのは嬉《うれ》しかったなあ。

武満さんと行ったのは、なんて店だったのかな。最初に予定していた店は休業で、かわりに別のちょっと高級そうな小料理屋さんにつれていってもらったんだけど、そこで、メニューを見ながら「ご馳走《ちそう》しますから好きなもんを注文して下さい」っていわれても、下戸《げこ》な上にそもそもそんな店行ったことのなかったオレは、どういう態度をとっていいかもわからずで、なんだかもじもじしてしまったのを覚えている。高い店で大人にご馳走されることに慣れている人なら、こういう店での振《ふ》る舞《ま》いでおどおどすることもないと思うけど、若造のオトコってのはですね、いや、当時三十を過ぎていたから決して若造じゃないけど、でもおいらのように、そういう店に行くチャンスが無かったもんにとっては、なんだか、メニューの値段を見ているだけでビビるのよ。人間の器が小さいってのはどうにもならんもんで、情けないけど仕方ない。あわあわしながら、安目の肴《さかな》を注文したら「大友さんは食べないんですね」なんて言われてしまって……。もう、察してよ武満さ～～ん。メニューの料理名を見てもそれがなんであるかすら分からなかったんだから～。ちなみにわたしは非常に食いしんぼで、四十代までは、あきれるくらいの量をモリモリ食べるような人間だったのだ。だから、あとにも先にも、こんなに食べれなかった経験はないってくらい。はじめてのデートだってもう少しモリモリ食べてたと思うもん。そのくらい緊張していたのだ。

武満さんは、わたしが音大出ではないということ、正規の音楽教育はまったく受けていないことに強い興味を持ってくれていたように思う。武満さん自身も正規の音楽教育を受けて来たわけではないこともあったのかもしれない。いずれにしろ、わたしがどういう経緯《けいい》で、こういう音楽をやるに至《いた》ったのかに興味があったのではないだろうか。どうやって音楽を始めて、どこから出て来たのか、なんで海外に頻繁《ひんぱん》に行くことになって、なんで劇伴《げきばん》（映画やテレビドラマなどの伴奏音楽）をやることになったのかってあたりをさかんに質問された記憶《きおく》がある。自分は作曲家を目指していたわけではないことや、そもそも作曲と演奏という分業があること自体、自分にはよくわからないという話もしたと思う。

当時は即興演奏をやるということは、作曲を否定するとまでは言わないけど、でも作曲なんかで音楽を作るのとは違《ちが》うぞ……みたいな雰囲気《ふんいき》が即興の世界には確かにあって、実際『青い凧』の音楽を作る前には、劇伴どころか作曲の経験すらなかったのだ。そもそも、作曲家になることなど当時はまったく目指していなかった。やりたかったのは、とにかく楽器を演奏すること、なんらかの機械や装置を使って音を作ること、それでノイズや即興をやること、それだけだった。ただし、映画音楽だけは別で、機会があればテレビや映画の音楽をやってみたいなとも思っていたのだ。というのも、自分にとっての音楽的な出発点がなんであったのかを探れば探るほど、どう考えても、自分のルーツミュージックは幼い頃に見て来たテレビや映画の音楽に他ならず、この時期、そういった音楽を調べて行く中で、自分が見て来たテレビドラマやアニメ、映画の劇伴が、音楽的にも面白くて、自分でもそういったものを作ってみたいなと思うようになってきたのだ。

自分だけの感じ方かもしれないけど、音楽も言葉と同じように「ネイティブ」というようなものがあると思っていて、例えば自分にとってジャズやサンバを演奏することは明らかに「ネイティブ」なものではなく、言葉でいえばあとから習得した「英語」を話すような感覚と同じだと思っている。だからといって民謡《みんよう》とか雅楽《ががく》とか、そういった日本の伝統音楽が自分にとっての「ネイティブ」なものかというとそれも明らかに違うように思う。身体的には親和性はあるし、理解しやすいのも事実だけど、でもそれは、例えば自分が話せない青森とか福岡の方言を聞くような感じで、学習しなくては自分では話せない言葉なのだ。

じゃ、なにが自分にとっての「ネイティブ」な音楽なのかというと、子どもの頃に接して来たテレビや映画の中の音楽、ようは歌謡曲とかドラマやアニメの劇伴あたりが一番近いものなんじゃないかという気がしたのだ。でもって、かつて昭和の時代には、「芸術」とか言われているような音楽のほとんどは、自分の「ネイティブ」の感覚からはどこまでも遠いというか、遠ければ遠いほど、位の高い芸術にカテゴライズされていたんじゃないだろうか。少なくとも自分にはそう思え、そのことがなんだかとても居心地《いごこち》が悪いなと二十代だったわたしは思ったわけで、そんなときに再発見したのが日本の映画やテレビの中の音楽だったのだ。この音楽は、自分にとっては「ネイティブ」と言ってもいいくらいしっくりくるし、同時に、それがとても誇《ほこ》れるような音楽にも思えたのだ。そんな中でも圧倒的に面白いなと思えた劇伴がテレビ音楽の山下毅雄《やましたたけお》と、映画音楽の武満徹だった。武満さんの劇伴を聴いていると、テープコラージュから、電子音、オーケストラにジャズやロック、シャンソンにサイケ、中東の音楽から歌謡曲まで、こんな自由になんでもやれるんだってくらいの豊かさで、自分もこんなふうに映画の音楽作れたらいいなと思うようになっていたのだ。そんなときにひょんな切っ掛けで来た話が『青い凧』の音楽で、その最初の一作目で、いきなり武満さんに興味を持ってもらえたわけだから、嬉しくないわけがない。

「わたしは六〇年代からターンテーブルを使ってるんですよ。『燃えつきた地図』の冒頭《ぼうとう》はプレスリーのレコードのコラージュなんです」

「はい、もちろん知ってます。あれリングモジュレーター使ってますよね」

なんて会話もしたと思う。対抗意識を持ってもらえたのかなと思ってちょっと嬉しかった。同時に、作曲や演奏の分業のことや即興の話をしているうちに、なんとなく武満さんと話がかみあわないような感じがして、そのことが上手く言えなくて、でも、なにか一緒にやりたくて、

「武満さん、よかったらオレのバンドでピアノ弾きませんか？」

なんてことを言ってしまったんだと思う。もし武満さんが今も生きてらっしゃって、お会いすることが出来るとしたら、きっともうそんなことは言わないと思う。ただいらっしゃるだけで充分に音楽が聴こえてくる、武満さんはそんな人だったような気がするし、今なら、もしかしたらその音を聴き取ることが自分にも出来るような気もするからだ。

おおとも・よしひで

一九五九年生まれ。神奈川県横浜市出身。音楽家。実験的な音楽からジャズやポップスの領域までその作風は多種多様で、その活動が海外でも大きな注目を集める。また映画やテレビの劇伴作家としても数多くのキャリアを有する。近年は「アンサンブルズ」の名のもと、様々な人たちとのコラボレーションを軸に展示作品や特殊形態のコンサートを手がけると同時に、一般参加型のプロジェクトにも力をいれている。震災後は十代を過ごした福島で「プロジェクトＦＵＫＵＳＨＩＭＡ！」を立ち上げ、現在も様々な活動を継続している。二〇一三年ＮＨＫの連続テレビ小説『あまちゃん』の音楽を担当し広くその名を知られるようになる。二〇一四年国際交流基金とともにアンサンブルズ・アジアを立ち上げ、音楽を通じたアジアのネットワーク作りにも奔走している。

〈年表〉

西暦	年齢	出来事
一九三〇（昭和五）	0	一〇月八日東京に生まれる。生後一か月で、父の勤務地である中国に渡り、大連で幼少期を過ごす。
一九三一	1	〈満州事変が勃発。〉
一九三七	7	小学校入学のため帰国。箏の師匠である、伯母の家に住む。
一九四一	11	〈真珠湾攻撃、太平洋戦争が始まる。〉
一九四三	13	私立京華中学入学。
一九四五	15	東京大空襲で家を焼失。学徒動員先で、『パルレ・モア・ダムール（聞かせてよ、愛の言葉）』を聴き、音楽家になることを決意する。 〈太平洋戦争が終わる。〉
一九四六	16	横浜の米軍キャンプなどで働く。このころ「紙ピアノ」を持ち歩く。
一九四七	17	はじめてのピアノを借りる。
一九四八	18	清瀬保二に弟子入り。早坂文雄を知る。
一九四九	19	大学受験を放棄する。
一九五〇	20	『二つのレント』を発表。音楽家としてデビューする。
一九五一	21	実験工房を結成。さまざまなジャンルの芸術家と交流する。
一九五三	23	借りていたピアノを手放す。結核の治療のため入院。

一九五四	24	若山浅香と結婚。黛敏郎からピアノが届けられる。
一九五五	25	鎌倉へ転居する。早坂文雄が死去する。
一九五七	27	早坂文雄の死を悼んだ『弦楽のためのレクイエム』を発表。
一九五九	29	来日したストラヴィンスキーが『弦楽のためのレクイエム』を絶賛する。
一九六二	32	図形楽譜を用いた作品、『ピアニストのためのコロナ』などを発表。映画『切腹』で邦楽器である琵琶を使用する。
一九六六	36	琵琶と尺八による作品『エクリプス』を発表。
一九六七	37	ニューヨーク・フィルハーモニック創立一二五周年記念作品『ノヴェンバー・ステップス』を発表。
一九七三	43	「ミュージック・トゥデイ　今日の音楽」を開催。以後一九九二年まで、毎年開催される。
一九八二	52	若い作曲家のために、「今日の音楽　作曲賞」を設ける。
一九八五	55	映画『乱』で、黒澤明監督と意見が合わず、対立する。
一九九〇（平成二）	60	還暦を祝うコンサート、「タケミツ・デイ」が、国内外で開催される。
一九九五	65	癌の治療のため長期入院。病床日記をつける。
一九九六		御代田の山荘で静養中に体調が悪化し再入院。二月二〇日、死去。六十五歳。 国内外で多数の追悼コンサートが行われる。
二〇〇〇		全五巻におよぶ『武満徹著作集』が刊行される。
二〇〇二		『武満徹全集』刊行。五巻の書籍と五十五枚のＣＤで構成された全集は、二〇〇四年に完結した。

〈読書案内〉

本書の執筆にあたっては、次のものを参考にしました。もっと詳しく知りたい方は、これらの本を手に取ってみてください。きっと新しい発見を得られることでしょう。なお、なかには刊行が古く書店で手に入らない本もあります。その場合は図書館などをまわって探してみましょう。

『武満徹　エッセイ選』 小沼純一編、ちくま学芸文庫、二〇〇八年

武満徹は、名エッセイストとしても知られ、数多くの文章を遺しています。没後にまとめられた著作集から、選りすぐった文章を集めた『武満徹　エッセイ選』は、音楽に対する考察をはじめ、若き日の体験、日常生活、映画、自らが書いた小説などが収められ、武満の幅広い活動を知ることができる一冊になっています。

『作曲家◎人と作品シリーズ　武満徹』 楢崎洋子、音楽之友社、二〇〇五年

武満の作曲した作品を網羅し、解説する一冊。デビューから晩年まで、そのときどきのできごとに触れながら、時系列にたどっています。武満徹の作品を聴くときのガイドにも。

『武満徹　自らを語る』 武満徹、聞き手安芸光男、青土社、二〇〇九年

インタビュー形式で、生い立ちから、若いころの貧乏話、作品に対することなど、さまざまな質問に答えています。ユーモアをまじえ語る、武満徹の素顔が感じられる一冊です。

『作曲家・武満徹との日々を語る』武満浅香、小学館、二〇〇六年
武満の妻、浅香が語った、武満徹との日々。出会いから、結婚、ふたりが好きだった映画の話、さまざまな交流関係、飼い猫の話まで、武満徹の暮らしの風景が見えてくる一冊。

（その他参考文献）

『武満徹　対談選』小沼純一編、ちくま学芸文庫、二〇〇八年
『武満徹著作集』新潮社、二〇〇〇年
『武満徹』河出書房新社、二〇〇六年
『武満徹―Visions in Time』Esquire Magazine Japan、二〇〇六年
『武満徹の世界』齋藤愼爾、武満眞樹編、集英社、一九九七年
『サイレント・ガーデン　滞院報告・キャロティンの祭典』武満徹、新潮社、一九九九年
『武満徹　その音楽地図』小沼純一、PHP新書、二〇〇五年
『武満徹　音・ことば・イメージ』小沼純一、青土社、一九九九年
『武満徹を語る15の証言』小学館、二〇〇七年
『谷川俊太郎が聞く　武満徹の素顔』小学館、二〇〇六年
『武満徹　御代田の森のなかで』浅間縄文ミュージアム、二〇〇三年

（CD関連）

『ノヴェンバー・ステップス』小澤征爾指揮、トロント交響楽団他

『ノヴェンバー・ステップス』の最初の録音版。また『弦楽のためのレクイエム』も収録。

『琵琶、尺八、オーケストラのための「秋」』 沼尻竜典指揮、東京都交響楽団他

「秋」を収録。

『武満徹の世界』

武満の映画音楽を集めたもの。『どですかでん』『不良少年』を収録。

『高橋アキ Ｐｌａｙｓ 武満』 高橋アキ

『二つのレント』『遮られない休息』『雨の樹素描』を収録。

『武満徹ソングブック』 ショーロクラブ with ヴォーカリスタス

ヴォーカルが入った曲を中心に演奏されたもの。『明日ハ晴レカナ、曇リカナ』を収録。

『イン・メモリアム――武満徹ギター作品集』 福田進一

武満徹が編曲した、ビートルズの曲が収録。

『ＮＨＫ「現代の音楽」アーカイブシリーズ 武満徹』 小林研一郎指揮、東京都交響楽団他

『テクスチュアズ』『ピアニストのためのコロナ』を収録。

設問1

武満《たけみつ》は十七歳《さい》の時に、初めて自分のピアノを持つことができましたが、鍵盤《けんばん》を叩《たた》いて音を出す気持ちになりませんでした。なぜでしょうか。

設問2

武満は十八歳になった冬、音楽大学を受験しています。しかし、武満は一日目の試験は受けたものの、二日目の試験は欠席しました。なぜ武満は音楽大学を受験したのでしょう。そして、なぜ二日目の試験は受けなかったのでしょうか。

設問3

不協和音などを用いた実験的な音楽を作っていた武満は、六十歳を過ぎた頃《ころ》から調和のとれた美しい旋律《せんりつ》、美しいメロディーの曲を作るようになっていました。このような作風の変化の背景には武満のどのような思いがあったのでしょうか。

設問作成　西村振一郎（清風学園）

ちくま評伝《ひょうでん》シリーズ〈ポルトレ〉

武満徹《たけみつとおる》

――現代音楽《げんだいおんがく》で世界《せかい》をリードした作曲家《さっきょくか》

二〇一六年一月二十日　初版第一刷発行

著　者　筑摩書房編集部
発行者　山野浩一
発行所　株式会社筑摩書房
東京都台東区蔵前二－五－三　〒一一一－八七五五
振替　〇〇一六〇－八－四一二三
印刷・製本　中央精版印刷株式会社

さいたま市北区櫛引町二－六〇四　〒三三一－八五〇七
筑摩書房サービスセンター　電話〇四八－六五一－〇〇五三
 ISBN978-4-480-76633-5 C0323